알고 나면 꼭
써먹고 싶어지는
역사 잡학 사전
B급 세계사 3
SEASON

서양 미술편

알고 나면 꼭 써먹고 싶어지는 역사 잡학 사전

B급 세계사 3 SEASON

서양 미술편

피지영 지음

행복한작업실

그들이 있기에
나는 지금 행복하다

고흐의 '임파스토', 카날레토의 '베두타', 레오나르도 다빈치의 '콘트라포스토'라고 하면 미술을 접한 경험이 많지 않은 사람들은 무슨 말인지 알 수가 없다. 대신 '떡칠', '인증 샷', '얼짱 각도'라고 촌스럽게 말해주면 한결 쉽게 받아들인다.

대부분의 사람이 미술을 어렵다고 여긴다. 무언가 고고하고 격식 있으며 잔뜩 품위가 갖추어진 분야라고 생각한다. 나와는 한참 거리가 먼 사람들이나 즐기는 것이기에 관심을 두지 않는다. 나 역시 40여 년을 그렇게 살았다.

지금은 몇 권의 책을 쓰고 남들 앞에서 강의를 하지만, 제대로 미술을 공부한 사람들 앞에서 나는 여전히 B급이다. 어쩌면 C급, D급일 수도 있고, 감히 급수를 매기기 힘들 수도 있을 것이다.

미술을 알아가는 동안 그 어떤 선생님의 도움도 받지 못했다. 책이 유일한 스승이었다. 미술과 관련한 아무런 연결 고리도 없었고 특별할 것도 없는 40대 직장인이었던 내가 미술에 푹 빠져 3년을 살았다. 이제는 어떤 작품 앞에 서면 감동을 느끼고 눈물을 흘리기도 한다. 이렇게 공감하고 소통할 수 있다는 사실이 기쁘다. 내가 이 책을 쓴 이유다. 정규 과정을 거치며 체계적으로 배우지 않아도 조금만 관심을 갖고 알아간다면 미술은 어느새 곁을 내어준다. 미술에 무지했던 내가 경험한 일이기에 자신 있게 말할 수 있다.

올 여름 내내 유독 한 친구와 자주 만났다. 비가 오는 날, 술 한잔하는 걸 좋아하는 동갑내기 친구다. 동호회에서 만나 16년간 인연을 이어왔다. 나 역시 술을 좋아하기에 그 친구와의 만남이 어색할 것은 없지만, 우리의 대화는 흔한 50대 아저씨들의 것과는 분명 달랐다. 앤드류 로이드 웨버를 초대하고, 〈미스 사이공〉이 준 감동을 나누고, 바그너와 렘브란트, 바스키야를 들먹인다. 이 친구나 나나 다른 사람들을 만나서는 나눌 수 없는 이야기다. 우리 또래의 중년 남성들은 그런 주제에 도통 관심이 없다. 하지만 우리는 그런 이야기가 재미있다. 이미 예술에서 감동을 느꼈고 예술을 향유하고 있기 때문이다.

동호회의 동갑내기 그 친구뿐 아니라 내 주위의 많은 사람들과 그런 대화를 나누고 싶다. 우연히 들은 대중음악 가사에 가슴 뭉클해지고 소설 속 한 구절에 먹먹해지는 것을 경험하듯, 그림 역시 우리의 삶을 아름답게 만들고 우리의 감성을 고양시킨다. 모르고 살기에는 너무 아깝지 않은가.

〈스카이 캐슬〉 주인공의 집 벽에는 라파엘로의 초상화가 걸려 있다. 영화 〈타이타닉〉에서는 피카소의 명화가 보인다. 버스 정류장에서 리히텐슈타인의 그림을 찾아볼 수도 있다. 살아가면서 무수히 많은 미술을 접한다. 미술은 결코 고상한 사람들이 미술관에서 즐기는 고급 취미가 아니다.

2018년 5월 20일. 3년간 1,000권 읽기를 마친 뒤 직장에 휴직계를 내고 유럽으로 떠나 미술 순례를 했다. 귀국 후에는 수많은 곳에서 미술 강의를 했다. 평범한 직장인이었던 내가 '미술 선생'이 되는 신기한 여정이었다. 여기에 더해 나를 '작가'라고 불리게 만들어준 사람들이 있다.

지난해 출간한 《영달동 미술관》을 통해 나는 책을 쓰는 사람이 되었다. 출판사 행복한작업실에서 줄곧 책을 내온 김상훈 작가(개인적으로 친한 형이다)의 제안이 나에게 기적 같은 길을 열어주었다. 《영달동 미술관》의 공저자이자 에디터인 이양훈 님은 글에 무지렁이였던 내가 남들 앞에 떳떳이 설 수 있도록 많은 도움을 주었다. 마케터 임동건 님이 알려준 출판의 유통 과정 역시 큰 가르침이 되었다. 책을 핑계로 네 사람이 함께하는 술자리는 그 어느 친구들과의 모임보다 즐거웠다. 그야말로 '행복한 작업'이었다.

물론 내가 이 책을 낼 수 있었던 가장 큰 원동력은 예쁜 아내 혜영과 지혜로운 아들 승빈이 있기 때문이다. 사랑하는 어머니와 더불어 모두에게 감사를 전한다.

피지영

CONTENTS

인증 샷,
근대 유럽 초기부터
유행하다

풍경화의 대가
안토니오 카날레토의 '촉'

안토니오 카날레토
Giovanni Antonio Canal, 1697-1768

안토니오 카날레토(Giovanni Antonio Canal, 1697~1768, 'Canaletto'라는 이름으로 더 알려져 있다)라는 화가가 있다. 바로크 미술을 대표하는 풍경화가로 지금도 이름이 높다. 풍경이야 대충 그려도 예쁘게 나오니 대수롭지 않게 생각할 수도 있다. 하지만 그는 안 그랬다. 그래서 그를 풍경화의 거장으로 여긴다. 대표작으로는 〈대운하에서의 레가타〉, 〈리알토 다리〉 등이 있다.

카날레토가 처음 그림을 시작할 때만 해도 대체로 풍경화는 거칠었다. 바로크 미술의 이론에 따른 것이다. 바로크 사조에서는 빛의 명암과 거친 붓질을 중요하게 생각했다. 때문에 풍경화도 거칠어질 수밖에 없다. 하지만 카날레토가 전성기를 보내고 말년으로 향할 무렵 이 흐름이 바뀌었다. 보다 선명하고 명확하게 세부 묘사를 하는 것이 주류가 되었다. 카날레토가 죽음을 맞이한 18세기 중반은 바로크가 끝나고 신고전주의 미술 사조가 시작되는 시점이었다.

카날레토가 남긴 업적은 미술에만 국한되지 않는다. 사실적으로 묘사한 당시 생활상과 건축물, 인물들의 의상 등은 지금도 당시의 역사를 연구하는 귀중한 사료로 쓰이고 있다.

사실 우리가 그에 대해서 잘 모르는 부분이 있다. 돈에 대한 감각이

■ 대운하에서의 레가타 Regatta on the Canale Grande by Canaletto, 1740

남달랐다는 점이다. 그가 풍경화를 그린 이유도 돈 때문이었다. 그래서 그의 풍경화는 다르다.

코로나 사태 이후로 여행이 뜸해졌다. 2020년 이후에는 외국으로 나간다는 건 꿈도 못 꾸었다. 항공 예약 사이트, 숙박 애플리케이션을 뒤적이던 때가 아득한 옛날처럼 느껴졌다. 동남아시아의 어느 바닷가, 미국의 번화가, 유럽의 고즈넉한 거리를 다니던 추억이 새록새록 돋아났다. 그때 SNS에 올렸던 사진들도 떠오른다. "나 여기 다녀왔어."

이런 인증 샷이 18세기에도 꽤 유행했다. 그 유행을 만든 이가 바로 카날레토였다. 물론 그때는 카메라가 없었다. 그런데도 인증 샷이 가능했다. 카날레토가 어떤 마술을 부린 걸까?

1748년 이탈리아 남부 폼페이에서 고대 유적이 발견되었다. 유럽의 지식인들 사이에 그리스·로마 시대의 고전에 대한 관심이 증폭했다. 유럽, 특히 영국 귀족들은 자녀가 성년이 되기 전에 이탈리아 등으로 1~2년간 여행을 보냈다. 교양도 쌓고 견문도 넓히라는 이유였다.

이 여행을 '그랜드 투어'라고 부른다. 귀족 자녀들은 배를 타고 프랑스로 건너가 파리를 거친 뒤 이탈리아 전역을 돌아다녔다. 귀족 집안 자식들이니 수행하는 이들이 있었고, 가정교사도 있었다. 가정교사는 여행 기간 내내 귀족 자녀를 수행하며 언어와 문화, 역사, 예절 등을 가르쳤다. 여행을 끝내고 귀국할 즈음 귀족 자녀들은 신사 숙녀로 탈바꿈한다.

이렇게 대규모로 오랫동안 돌아다니니 여행 경비가 상상을 초월했

■ 캄파냐의 영국인 여행자들 English Tourists in the Campagna by Carl Spitzweg, 1835

다. 웬만한 일반 가정에서는 꿈도 꾸지 못했다. 그럼에도 그랜드 투어는 19세기 중반까지 약 100년 동안 유행했다. 이후 철도가 대중화하면서 그랜드 투어는 막을 내렸다.

그랜드 투어가 아무나 할 수 없는 경험이니 자랑하고 싶은 마음도 생길 터. 귀족 자녀들은 이탈리아의 화려한 경관과 오래된 유적 앞에서 포즈를 취했고, 화가들은 그 모습을 그림으로 남겼다. 특히 이색적인 베네치아를 배경으로 한 '인증 그림'이 유행했다. 화가는 아름다운 물의 도시가 잘 나오게 그렸다. 물론 주인공의 모습이 잘 보이도록 배치했다.

■ **델프트 풍경** View of Delft by Johannes Vermeer, 1660-1661

이런 형태의 풍경화를 '베두타'라고 했다. 이탈리아어 Veduta는 전망이란 뜻으로, 영어 view와 어원이 같다. 용어 자체에 풍경화란 의미가 내재해 있다. 꼼꼼하고 세밀한 그림을 잘 그렸던 플랑드르 지방에서 시작되었다. 초창기의 대표적인 그림이 네덜란드 화가 베르메르의 '델프트 풍경화'다. 하지만 베두타가 활짝 꽃 핀 곳은 베네치아다. 그랜드 투어가 유행하면서 관광객들이 고향에 돌아가기 전에 베네치아에서 기념품도 사고 인증 그림도 그렸기 때문이다.

카날레토는 이 베두타에 주목했다. 당시만 해도 화가라면 으레 실내의 아틀리에에서 그림을 그렸다. 야외로 나갈 생각을 하지 않았다는 뜻이다. 하지만 카날레토는 풍경화 화가답게 사실적인 그림을 그리겠다며 야외로 나갔다.

여기서부터 카날레토의 비범한 경제 감각이 작동한다. 처음에 카날레토는 실물만 그렸다. 그러다가 나중에는 눈앞에 없는 풍경을 그림에 집어넣었다. 그렇게 하면 '상품성'이 높아질 거라고 생각했던 것이다. 대성당을 배치하고 곤돌라도 그려 넣었다. 난데없는 종탑과 다리도 그림 한 곳에 자리 잡았다. 오늘날로 치면 합성 사진이다.

카날레토의 생각이 적중했다. 그의 합성 그림이 귀족 자녀들에게 먹힌 것이다. 그들은 카날레토의 색다른 그림에 열광했다. 베네치아에 온 관광객들은 카날레토부터 찾았다. 그의 그림을 얻기 위해 몇 날 며칠 기다리는 것쯤 당연하게 받아들였다.

제자들까지 총동원해서 그림을 그렸지만 물량을 맞출 수 없었다. 카날레토는 또다시 아이디어를 냈다. 미리 배경을 그려 놓고, 주문이 들어오면 사람만 집어넣는 방식이었다. 이렇게 하니 주문과 동시에 곧바로 그림을 그려낼 수 있었다. 그야말로 대박이 터졌다! 카날레토를 추종하는 화가 무리까지 생겼다. '베두티스티'라고, 그들을 따로 부르는 명칭이 생겼을 만큼.

하지만 호황은 오래가지 못했다. 베네치아와 오스트리아 사이에 전쟁이 발생하자 관광객이 급감했다. 사업 수완이 좋고 아이디어가 풍부했던 카날레토는 위기를 벗어나기 위해 묘안을 짜내야 했다. 이번에도 성공이었다. 그는 어떻게 이 위기를 벗어났을까?

카날레토는 베네치아에서만 그림을 팔 이유가 없다고 생각했다. 이미 화가로서의 명성이 드높지 않은가. 그는 비교적 정치 상황이 안정된 영국의 런던으로 작업실을 옮겼다. 물론 베네치아의 풍경화를 잔뜩 그려 놓고서 말이다. 베네치아에 있지 않으면서도 베네치아 풍경화를 쏟아냈다. 그는 런던에서 10여 년 동안 작업하며 엄청난 돈을 벌었다. 이런 이유 때문에 지금도 카날레토의 그림이 가장 많이 남아 있는 곳이 영국이다.

그랜드 투어 이야기를 조금 더 해보자. 여행을 끝내고 돌아온 이들은 딜레탕트 협회(딜레탕트(dilettante)는 프랑스어로, 학문이나 예술을 취미로 향유하는 사람을 일컫는다)라는 모임을 조직했다. 이 모임에 가입하기 위해서는 여행을 통해 얻은 교양과 식견이 필수였다. 여기에 진짜로 그랜드 투어를 다녀왔다는 사실을 인증할 수 있는 그림만 있으면 별다른 의심을 사지 않았다. 오호라, 그 청년들이 왜 그렇게 인증 그림에 매달렸는지 알 것 같다.

딜레탕트 협회의 청년들은 회원들 집을 방문해 이탈리아를 배경으로 한 베두타를 보며 그때를 추억하고 수다를 떨었다. 만사 귀찮고 험난한 여행이 싫어서 그랜드 투어를 포기했던 귀족 자녀들은 뒤늦게나마 은밀히 카날레토를 찾아가 인증 그림을 부탁했다. 카날레토는 마다할 이유가 없었다. 그는 귀족들의 허영을 정확하게 꿰뚫어본 사업가이니까.

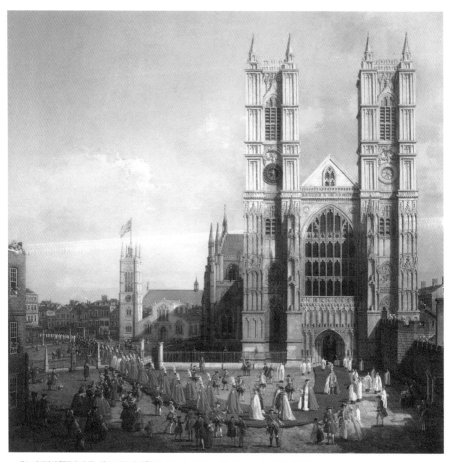

■ 배스 기사단의 행렬이 지나는 웨스트민스터 사원 Westminster Abbey with a Procession of The Knights of the Bath by Canaletto, 1749

■ **로마 캄파냐 유적에서의 괴테** Goethe in the Roman Campagna, by Johann Tischbein, 1787

부자와 귀족 중에서도 상위 그룹에 속하는 이들 역시 베두타에 매달렸을까? 아니다. 그들은 그러지 않았다. 로마, 베네치아에 가서 화가들에게 부탁하고 며칠씩 기다려 그림을 받을 필요가 없다. 아예 화가를 대동하고 다녔으니까. 로마 캄파냐 지방을 배경으로 한 유명한 괴테의 초상화도 그런 식으로 그려진 것이다. 나중의 일이지만 나폴레옹 역시 전쟁에 나설 때면 반드시 전속 화가를 데리고 다녔다. 인증 샷은 중세 유럽이나 21세기 대한민국이나 기록 남기기 좋아하고 타인의 관심에 목마른 사람에게는 절대적인 아이템이다.

그랜드 투어 이야기를 하다 보니 예전에 유럽 배낭여행을 했던 때가 떠오른다. 베네치아 산마르코 광장의 카페 플로리안에서 진한 에스프레소를 마시며 감상했던 연주가 되살아난다. 우리나라에서도 백신 접종률이 나날이 높아지고 있고, 치료제 개발 소식도 들려온다. 조금씩 기대가 부풀어 오른다. 어서 빨리 평범한 일상으로 돌아갈 수 있기를.

나폴레옹 우상화에
목숨을 건
화가

신고전주의 창시자
자크 루이 다비드 이야기

자크 루이 다비드
Jacques-Louis David, 1748~1825

제5공화국 시절 이야기다. 저녁 9시 메인 뉴스 시작을 알리는 차임벨 '땡' 소리와 함께 어김없이 흘러나오는 앵커의 코멘트. "전 대통령께서는⋯⋯." 매일 그랬다. 모든 뉴스는 당시 전두환 대통령의 동정을 전하는 것으로 시작되었다. 그래서 '땡전 뉴스'라는 말까지 생겨났다.

비단 우리나라만 그랬던 건 아니다. 권력자를 미화하는 뉴스, 권력자를 옹호하려고 사실을 왜곡하는 뉴스를 내보내는 나라가 적지 않았다. 미디어는 서슬 퍼런 권력의 압제에 굴복했다. 민주화 수준이 낮은 국가일수록 이런 식의 폭력이 만연했다.

중세 유럽을 '문명의 암흑기'라고 말하는 이들이 많다. 반면 근대 유럽은 혁명의 시대였다. 지식인들은 합리적이고 과학적인 사고를 바탕으로 종교와 계급에 저항했다. 지배 계급으로부터 저능아 취급을 받던, 그래서 우매한 대중이라 불렸던 민중은 무기를 들고 선봉에 섰다. 이들을 깨운 사상이 18세기 유럽을 들썩이게 한 계몽주의였다. 앙시앵레짐(낡은 체제)을 무너뜨린 프랑스 대혁명이 대표적인 결과물이다.

계몽주의는 미술 분야에도 큰 영향을 미쳤다. 예술가들은 화려함으로 무장한 로코코와 후기 바로크 미술 사조에 반기를 들었다. 비례와 균형, 이성과 교훈을 중요하게 여기던 르네상스 시절의 고전주의로 돌아가고자 했다. 이렇게 해서 탄생한 미술 사조가 신(新)고전주의다. 18세기 말부터 19세기 초까지, 특히 프랑스를 중심으로 발달했다.

미술사가들은 신고전주의의 문을 연 인물로 자크 루이 다비드(Jacques-Louis David, 1748~1825)를 꼽는다. 그는 이후 미술사에서 상당히 중요한 인물로 평가받는다. 그의 업적은 후학들에게 계승되어 프랑스 회화의 한 기둥을 형성했다. 한편으로 오늘날 그는 역사상 가장 유명한 '정치화가'라는 평가를 받기도 한다. 예술가가 정치인과 짝짜꿍이가 되어 권력에 빌붙었다는 이야기인데……. 도대체 어찌된 일일까?

다비드는 공화주의자였다. 당연히 프랑스 대혁명을 열렬히 지지했다. 화가의 등용문이라 할 수 있는 살롱전에 여러 번 낙방했는데, 혹시 그때 지배층에 악감정이 생긴 건 아닐까? 어쨌든 다비드는 혁명가들과 손을 잡았다. 〈소크라테스의 죽음〉, 〈호라티우스 형제의 맹세〉가 그의 대표작이다. '나보다는 국가 우선', '전체를 위한 희생' 등이 주제다. 혁명 정부의 이념과 일치한다. 때문에 그는 혁명 정부의 핵심 인물로 자리매김할 수 있었다.

1794년 혁명 반대파가 권력을 잡았을 때는 옥살이도 했다. 다비드는 "난 단지 그림을 그리는 화가에 불과합니다."라고 스스로를 변호했다. 덕분에 1년 만에 사면되었고, 이후로는 낙향해 후학 양성에 힘썼다.

당시 프랑스 정계는 무척 혼란스러웠다. 이 혼란의 최종 승자는 보나파르트 나폴레옹이었다. 나폴레옹이 권력을 잡자 다비드에게 기회가 왔다. 다비드의 능력을 눈여겨보았던 나폴레옹이 그를 부른 것이

■ 소크라테스의 죽음 The Death of Socrates by Jacques-Louis David, 1787

■ 호라티우스 형제의 맹세 Oath of the Horatii by Jacques-Louis David, 1786

■ **알프스를 넘는 나폴레옹** Napoleon Crossing the Alps by Jacques-Louis David, 1801

■ **알프스를 넘는 보나파르트** Bonaparte Crossing the Alps by Paul Delaroche, 1850

다. 나폴레옹은 일찍이 이미지 정치의 중요성을 간파했다. 다비드를 부른 이유가 거기에 있었다. "당신은 이제부터 '미디어 우상화' 작업을 시행하라!"

나폴레옹 하면 가장 먼저 어떤 이미지가 떠오르는가? 아마도 갈기 휘날리는 흰 말을 탄 채 먼 곳을 손가락으로 가리키는 모습이 아닐까 싶다. 다비드가 그린 〈알프스를 넘는 나폴레옹〉이다. 이게 진짜 모습을 그린 걸까? 생각해보자. 제대로 된 길이 있는 것도 아니고, 나라마다 천연 방패로 삼는 험난한 알프스산맥이다. 깎아지른 절벽에서 말을 탄다고?

이쯤에서 나폴레옹이 실각한 뒤 또 다른 프랑스 화가 폴 들라로슈 (Paul Delaroche, 1791~1856)가 같은 상황을 그린 작품을 보자. 나폴레옹은 수행원에 의지하여 조심스레 작은 노새에 올라 있다. 후줄근하기까지 하다.

비슷한 모습을 다비드는 다르게 그렸다. 그는 눈앞의 사실만을 그리지 않았다. 가장 멋지고 가장 '교훈적인' 그림을 그렸던 것이다. 다비드의 이 그림은 이탈리아를 정복하고 귀환한 나폴레옹의 개선식 행사에서 공개되었다. 대중은 환호했다. 보라, 이런 게 이미지 정치다!

나폴레옹은 카이사르, 샤를마뉴에 이은 유럽의 세 번째 정복자이자 신성 로마 제국의 황제라 여겨졌다(다비드의 〈알프스를 넘는 나폴레옹〉을 자세히 보면 그림 아래쪽 바위에 이들 세 사람의 이름이 적혀 있다). 황제가 되려면 치러야 할 통과의례가 있다. 바로 교황에게서 황제의 관을 받는

■ **나폴레옹의 대관식** The Coronation of Napoleon by Jacques-Louis David, 1806

당혹스러워하는 교황

아내 조세핀에게 황후의 관을 내리는 나폴레옹

황후의 관을 받는 조세핀

대관식 모습을 스케치하는 다비드

대관식이다. 대관식은 교황이 있는 바티칸에서 치르는 게 관례였다. 하지만 나폴레옹은 교황 비오 7세를 파리 노트르담 대성당으로 불렀다. 교황은 속이 상했겠지만 거역할 수 없었다.

파격은 계속되었다. 교황은 나폴레옹에게 황제의 관을 씌울 기회를 얻지 못했다. 나폴레옹은 교황이 내민 왕관을 손으로 낚아채 직접 머리에 얹었다. 놀란 이는 교황만이 아니었다. 이 대담한 행동에 대관식장인 노트르담 대성당은 얼어붙고 말았다. 세속적 권력이 신의 영역까지 지배하려는 의지가 아닌가?

이날 다비드도 현장에 있었다. 물론 대관식 장면을 그림으로 남겼다. 다비드는 나폴레옹의 복심(腹心)이었다. 무엇을 원하는지 정확히 간파했다. 그는 이미 왕관을 쓴 나폴레옹이 아내 조세핀에게 황후의 관을 씌워주는 장면을 포착했다. 교황은 뒷전으로 물러나 씁쓸한 표정을 짓고 있다. 다비드는 이 그림을 통해 이렇게 말하고 싶었는지도 모른다. "황후에게 관을 내리는 나폴레옹 황제 만세!"

다비드는 한동안 출세 가도를 달렸다. '화단(畵壇)의 나폴레옹'이라는 별칭을 들으며 예술계에서 무소불위의 권력을 휘둘렀다. 하지만 권력은 영원하지 않다. 나폴레옹은 얼마 후 실각했고, 대서양의 한 섬에 유폐되었다. 다비드도 더 이상 프랑스에 머무를 수 없었다. 그는 벨기에로 망명을 떠났고, 그곳에서 삶을 마감했다.

나폴레옹을 패퇴시킨 트라팔가르 해전 당시 영국 함대를 이끈 넬슨 제독이 다비드에게 초상화를 의뢰한 적이 있다. 다비드는 단칼에 거절했다. 적국의 장군이라 그릴 수 없다는 이유였다. 그는 죽기 전에 망명지에서 나폴레옹 대관식 장면을 한 번 더 그린다. 이를 두고 의리라 불러야 할까. 아니면 과거의 영화를 잊지 못한 그리움이라 해야 할까.

권력은 국민으로부터 나온다. 이 단순한 상식이 상식으로 인식되기까지 수백 년의 시간이 필요했다. 영웅과 지도자에만 집중하는 정치는 바람직하지 않다. 다비드의 작품과 생애가 주는 교훈이다.

루브르 박물관의
〈모나리자〉가
진품일까?

또 다른 〈모나리자〉에 대한
끊임없는 소문과 주장들

레오나르도 다빈치
Leonardo da Vinci, 1452~1519

2000년 이탈리아에서 '가장 유명한 그림'을 묻는 설문 조사를 진행한 적이 있다. 이 조사에서 90% 가까운 득표를 하며 1위로 오른 작품은 레오나르도 다빈치(Leonardo da Vinci, 1452~1519)의 대표작 〈모나리자〉다.

현재까지 미술품 경매에서 최고액을 기록한 작품은 레오나르도의 〈살바토르 문디〉다. 2017년 약 5,000억 원에 팔렸다. 만약 〈모나리자〉가 팔린다면 그 액수가 얼마나 된까? 에측하기가 쉽지 않다. 다만 경제학자들의 분석을 인용하자면, 〈모나리자〉의 경제적 가치는 40조 원에 이른다. 매년 1,000만 명 가까이 루브르 박물관을 찾는데, 이 가운데 80%는 〈모나리자〉를 보기 위해서란다. 그들이 프랑스 파리에서 쓰는 비용까지 감안한다면 〈모나리자〉의 경제적 가치를 측정한다는 시도 자체가 무의미해 보인다.

〈모나리자〉에서 레오나르도는 여러 가지 시도를 했다.

크게 세 가지만 꼽자면 첫째, 모델을 살짝 옆으로 돌리는 '콘트라포스토(contrapposto)' 기법을 적용했다. 이전까지 초상화는 인물의 옆모습 혹은 완전히 정면을 그렸다. 이런 기법을 '프로필(profile)'이라고 한다. 하지만 이런 구도는 밋밋하고 재미없다. 조각의 예를 들자면 무게 중

프로필 기법(왼쪽)과 정면을 그린 초상화들

심을 약간 비틀었을 때 역동적이고 아름다운 느낌이 강해진다. 그 느낌을 살리기 위해 레오나르도 다빈치는 콘트라포스토 기법을 썼다. 이렇게 하니 그림이 예뻐진다. 요즘말로 하면 '미스코리아 포즈'라고나 할까. 이후 화가들이 너도나도 이 기법을 따라했다.

둘째, 르네상스 시대 그림의 특징인 '선 원근법'을 과감히 포기하고 '대기 원근법'을 창안했다. 그는 소실점을 향해 수학적으로 계산된 원근법이 인위적이라 생각했다. 오랫동안 빛의 산란 작용을 관찰한 끝에 먼 것은 파랗게, 가까운 것은 붉게 그렸다. 이것으로도 원근이 나타났다.

마지막 새로운 기법은 '스푸마토(sfumato)'다. 그림의 윤곽선을 없애기 위해서였다. 아주 세밀한 붓으로 수백 번 살짝살짝 그렸고, 혹 그

■ **모나리자** Mona Lisa by Leonardo da Vinci, 1503

눈썹이 거의 드러나지 않는 그림 속의 여인들. 위의 작품은 레오나르도 다빈치의 〈흰 족제비를 안은 여인〉(Lady with an Ermine, 1489)이고, 아래의 작품은 라파엘로의 〈검은 방울새의 성모〉(Madonna of the Goldfinch, 1506)이다.

래도 선이 보일까 봐 헝겊으로 문지르기까지 했다. 모나리자의 '미소'는 윤곽선이 선명하지 않기 때문에 입 꼬리가 분명치 않아 생기는 착시라고도 한다.

천재성이 고스란히 담긴 이 〈모나리자〉가 여러 편이 있다면 어떨까? 그러면 정말 대박 중의 대박일 것 같은데, 이런 상상이 현실이 될 수도 있다. 레오나르도는 젊었을 때부터 유명인사였다. 명성이 자자해서 피렌체, 로마, 밀라노, 베네치아 등으로 불려 다녔다. 〈모나리자〉는 당시에도 유명한 그림이었다. 그러니 그가 또 다른 〈모나리자〉를 그렸을 가능성도 있다. 그 〈모나리자〉는 이탈리아 피렌체 혹은 유럽 어딘가에 보관되어 있을지도 모른다.

이 이야기를 하기 전에 많은 사람들이 잘못 알고 있는 사실 하나부터 짚고 넘어가자. 많은 이들이 〈모나리자〉를 미완성 작품으로 알고 있다. 눈썹이 없기 때문이다. 완벽한 예술가였으니 눈썹을 빠뜨리는 실수를 범하진 않았을 텐데, 정말로 미완성인 걸까?

르네상스 시대에는 넓은 이마가 미(美)의 상징이었다. 이 때문에 일부러 눈썹을 밀기까지 했다고 한다. 당시 그림을 보면 예쁜 여인일수록 눈썹을 안 그린 경우가 많았다. 레오나르도뿐 아니라 '서양 회화의 신' 라파엘로를 비롯한 르네상스 시대의 그림에서 이 점을 확인할 수 있다.

다른 해석도 있다. 눈썹을 안 그린 게 아니라 희미하게 그렸는데, 스푸마토 기법을 써서 문질렀으니 잘 안 보인다는 거다. 게다가 레오나

조르조 바사리가 쓴 《르네상스 미술가 평전》

르도 사후에 이 작품을 소유했던 프랑스의 왕 프랑수아 1세는 하필 목욕탕에 걸어놓았다고 한다. 눈썹 외에 나머지 부분이 성하게 살아남은 것만도 감사해야겠다.

오늘날 우리가 〈모나리자〉에 대해 알고 있는 정보 대부분은 이탈리아 화가 조르조 바사리(Giorgio Vasari, 1511~1574)가 쓴 《르네상스 미술가 평전》(이 책의 원제를 우리말로 옮기면 '뛰어난 화가, 조각가 그리고 건축가의 생애(The Lives of the Most Excellent Painters, Sculptors, and Architects)'가 된다. 이 책에서는 우리나라에서 출간된 역서의 제목인 '르네상스 미술가 평전'으로 표기한다)에서 비롯되었다. 레오나르도가 죽고 30년 후에 출판된 책이다. 이 책에서 바사리가 〈모나리자〉에 대해 언급한 내용은 이렇다.

'초상화를 4년 동안 그렸으나 미완성이다.'

'눈썹은 무성하고 성긴 것이 이보다 자연스러울 수가 없다.'

어딘가 이상하지 않은가? 바사리는 눈썹에 대해 분명히 묘사했으면서도 미완성 그림이라 했다. 이 궁금증은, 바사리가 지금 우리가 알고 있는 루브르 박물관의 〈모나리자〉를 평생 본 적이 없다는 사실을 알면 풀린다.

바사리는 1511년 태어났는데, 레오나르도는 1516년 프랑수아 1세의 초청을 받아 파리로 건너갔다. 물론 〈모나리자〉를 가지고서 말이

레오나르도의 제자(왼쪽)와 미상의 화가가 그린 〈모나리자〉

다. 3년 후 레오나르도는 사망하면서 감사의 뜻으로 〈모나리자〉를 프랑수아 1세에게 주었다. 이 〈모나리자〉가 우리가 알고 있는, 루브르 박물관에 보관된 바로 그 〈모나리자〉다.

평생 보지도 않은 그림에 대해 바사리는 어떻게 평가할 수 있었을까? 바사리의 기록에 따르면 모나리자는 피렌체 상인 프란체스코 조콘다의 아내다. 이 작품 또한 레오나르도가 그린 것이긴 한데 눈썹이 있다. 맞다. 바사리는 레오나르도가 프랑수아 1세에게 준 〈모나리자〉와는 다른 〈모나리자〉를 봤던 것이다. 이 그림의 행방은 묘연하다. 아니면 혹시 바사리는 〈모나리자〉를 직접 보지는 못했지만, 누군가에게 그림에 대해 들었을 수도 있다. 잘못된 정보를 듣고 자기 책에 옮긴 것으로 추정하기도 한다.

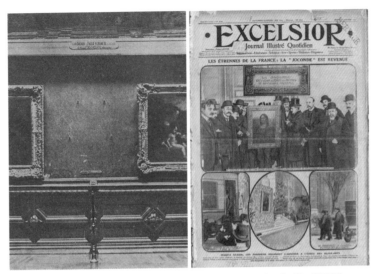

〈모나리자〉 도난 당시 비어 있는 루브르 박물관의 벽(왼쪽)과 〈모나리자〉를 발견했다는 소식을 전하는 신문 기사(오른쪽)

　루브르 박물관에 소장된 〈모나리자〉가 가짜일 수 있다는 주장도 있다. 도난 사건과 관련이 있다.

　1911년 〈모나리자〉가 사라졌다. 연일 신문에 대서특필되면서 〈모나리자〉가 전 세계적으로 유명해진 계기가 되었다. 범인은 2년 후 잡혔다. 알고 보니 루브르 박물관의 목수였던 이탈리아인 빈첸초 페루자였다. 그는 2년을 보관하다 피렌체 우피치 미술관에 팔려다 덜미가 잡혔다. 이후 그가 진품은 이미 팔아치웠고 복제 그림을 돌려주었다는 소문이 돌았다. 사실일 확률은 낮지만 찜찜한 맛은 남는다.

　워낙 유명한 작품이니 별의별 소문과 주장이 다 나온다. 이야기하다 보면 끝이 없다. 눈썹, 손가락 하나만으로도 책 한 권이 나올 정도다.

입 꼬리만 연구한 박사들도 수두룩하다. 〈모나리자〉가 그려진 캔버스만 따로 연구한 논문도 수백 편이다.

살짝 부럽다. 우리에게도 그런 작품이 있다면 좋겠다는 생각이 든다. 우리에겐 이런 화가, 이런 작품이 없을까? 곰곰이 생각하다 신윤복의 〈미인도〉를 떠올렸다. 그 미인의 눈썹 하나 입술 하나에 매력을 느끼고 연구하는 화가와 학자들, 그 작품을 보려고 줄 서 있는 외국인들……. 상상만으로도 가슴이 벅차오른다.

대문호
스탕달을 주저앉힌
그림 한 편

귀도 레니의
〈베아트리체 첸치〉에 얽힌 이야기

귀도 레니
Guido Reni, 1575~1642

1970년대의 이야기다. 이탈리아 피렌체 산타마리아누오바 병원에 갑자기 환자들이 들이닥쳤다. 이 병원의 그라지엘라 마게리니(Graziella Magherini) 박사는 환자들에게서 땀을 흘리고 가슴 통증을 호소했으며 맥박도 잘 잡히지 않는 공통점을 발견했다. 또 하나. 그들은 모두 외국인 관광객들이었다.

마게리니 박사는 예전에 읽었던 외국 작가의 기행문을 떠올렸다. 《적과 흑》을 쓴 프랑스 대문호 스탕달(Marie-Henri Beyle, 1783~1842, Stendhal이라는 필명으로 더 유명하다)이 쓴 《나폴리와 피렌체 : 밀라노부터 레지오까지 여행》에 있던 구절이었다.

'미술이 주는 감동에 빠졌다. 그 순간 심장박동이 빨라지고 다리에 힘이 풀려 넘어질까 두려웠다.'

스탕달은 1817년 피렌체 산타크로체 성당을 방문했다. 이 문장은 그가 미술 작품을 감상하고 난 후 적은 느낌이었다. 마게리니 박사는 병원을 찾아온 환자들이 느낀 증세가 스탕달과 같은 것임을 직감했다. 이후 그는 이 병을 이렇게 명명했다. '스탕달 신드롬'. 그림, 건축 등 예술 작품을 감상한 후 나타나는 일시적 감정 흥분 상태를 뜻한다.

1992년 발표된 의학 논문에 따르면 1977부터 10년 동안 피렌체 예

이탈리아 피렌체의 산타크로체 성당

술 작품을 대하고 일시적 충격으로 입원한 환자가 106명이다. 이 스탕달 신드롬은 최근까지도 심심찮게 발생하고 있다. 의사와 과학자들은 예술 작품 앞에서 뇌가 어떻게 반응하는지, 그에 따라 신체가 어떻게 변하는지를 연구하고 있다. 스탕달 신드롬이 전혀 실체가 없는 것은 아닌 것 같다. 사실 책을 읽다 눈물을 뚝뚝 흘리거나 대중가요를 들으며 감성에 젖을 때가 있는데, 그 또한 스탕달 신드롬의 변형이 아닐까?

이쯤에서 궁금해진다. 도대체 얼마나 대단한 작품이기에 대문호 스탕달을 사로잡은 것일까? 스탕달은 프랑스 파리 출신이다. 이미 최고 수준의 예술 작품을 충분히 경험했을 터. 웬만한 작품을 보고 그렇게 충격을 받지는 않았을 것이다.

■ **고문을 당한 베아트리체 첸치** Beatrice Cenci after the rack by Sarah A. Doidge, about 1890

스탕달의 심장을 흔든 작품은 〈베아트리체 첸치의 초상〉으로 알려져 있다. 미리 말해 두겠는데, 이 작품은 현재 피렌체에 없다. 로마 국립 고전 미술관에 전시돼 있다. 혹시 스탕달의 감동을 느끼기 위해 피렌체 산타크로체 성당을 방문하면 헛걸음만 하는 격이니 참고하시길. 물론 산타크로체 성당에는 르네상스를 연 위대한 화가 조토(Giotto di Bondone, 1265~1337)의 벽화가 남아 있다. 또한 미켈란젤로와 갈릴레이, 마키아벨리를 비롯한 피렌체 출신 위인들이 잠들어 있는 곳이다. 그러니 〈베아트리체 첸치〉가 없다고 이 성당의 매력이 떨어지는 건 아니다.

그림 속 소녀는 앳되고 순수해 보인다. 이 소녀 베아트리체(Beatrice Cenci, 1577~1599)는 로마에 살았던 실제 인물이다. 그 당시에도 미모 때문에 뭇 남성의 흠모 대상이었다. 그러나 삶은 아름답지 못했다. 안타깝게도 14세 때부터 친부인 프란체스코 첸치 백작에게 상습적으로 성폭행을 당했다. 오랜 시달림 끝에 계모와 오빠의 도움을 받아 아버지를 죽였다. 망치로 때린 후 실족사를 가장했다. 완전 범죄는 없는 법. 이들 세 명은 구속되고 모진 고문 끝에 사실이 밝혀져 사형이 선고됐다. 어쩌면 교회의 탐욕이 이들을 사형대로 보낸 이유인지도 모른다. 당시 사형수의 재산은 교회에 귀속된다는 법이 있었다. 교황 클레멘트 8세가 백작의 재산을 탐낸 것이다.

1599년 9월 11일 형이 집행됐다. 22살의 꽃다운 나이에 죽을 수밖에 없는 이 여인을 보기 위해 로마의 수많은 남성들이 사형 집행장인

■ **베아트리체 첸치** Beatrice Cenci by Guido Reni, 제작 연도 미상

산탄첼로성 천사의 다리로 몰렸다. 그들은 그녀의 마지막 모습이나마 기억해두고 싶었던 것이 아닐까? 어쩌면 이 그림을 그린 화가 귀도 레니(Guido Reni, 1575~1642)도 그 인파 속에 있었을지도 모르겠다. 당시 레니의 나이 24세. 피 끓는 청춘이 아닌가?

당시 화가들은 외부에서 그림 대상을 스케치한 후 아틀리에에서 세부 작업을 하고 색을 입혔다. 지금처럼 카메라가 있었던 것이 아니니 레니는 펜과 종이를 가지고 그 순간을 스케치했을 것이다. 흥미로운 건 완성된 레니의 그림 속 베아트리체의 표정이다. 원망과 억울함과 분노 따위의 감정이 보이지 않는다. 오히려 8년 동안 견뎌온 끔찍한 고통이 이제야 사라진다는 평온함을 느낄 수 있다. 아마도 레니는 정반대의 감정 묘사로 베아트리체를 위로하고 싶었나 보다.

베아트리체가 참수된 천사의 다리 밑은 모래사장이다. 옆으로 로마의 젖줄 테베레강이 흐르고 있으니 한강 둔치와 비슷한 풍경이다. 고대 로마 시절 검투사들이 피를 많이 흘렸던 원형 경기장을 '아레나'라고 하는데, 그 뜻이 모래란 의미다. 이렇듯 수많은 범죄자와, 혹은 억울하게 죽은 이들의 피를 머금은 끔찍한 장소다.

꽤 오랫동안 해마다 베아트리체가 처형된 날에 그녀가 참수된 목을 들고 나타났다는 전설이 떠돌았다. 하지만 현대의 많은 사람들은 그 다리를 전혀 다르게 기억한다. 1953년 발표된 오드리 헵번과 그레고리 팩 주연의 영화 〈로마의 휴일〉에 이곳이 등장한다. 공주 역의 헵번은 선상 파티 중에 경호원을 피해 도망 다닌다. 두 주인공이 만나 첫 키스

산탄첼로성과 천사의 다리 그리고 그 아래의 모래사장

를 한 곳이 바로 여기다. 끔찍한 장소가 로맨틱한 공간으로 바뀌는 마법이 영화 속에서 일어났다.

귀도 레니는 이탈리아 볼로냐 태생으로 바로크 미술의 대표적인 화가다. 빛의 명암 대비를 강렬하지만 부드럽게 처리한 것이 그의 특징이다. 종교와 신화를 특유의 색으로 우아하게 그려낸 것으로 유명하다. 그가 볼로냐에서 운영했던 아카데미에는 전 유럽에서 학생들이 몰려드는 바람에 인원수를 제한할 정도였다. 이후 많은 화가가 레니를 모방했다. 바로크의 유명 화가 반다이크, 무릴요, 시몽 부에 등이 그의 추종자라 할 수 있다.

■ **이 사람을 보라** Ecce Home by Guido Reni, 1639-1640

사실 레니는 이 작품이 아니라 또 다른 작품으로 서양 미술사의 한 획을 그었다. 바로 〈에케 호모(Ecce Home, 이 사람을 보라)〉이다. 가시 면류관을 쓴 예수다. 2,000년 전의 예수 모습은 알 길이 없다. 그러니 중세와 르네상스를 거치며 그려진 예수의 얼굴은 제각각이다. 모두가 화가의 상상에 따른 결과다. 바로 이런 상황을 레니가 바꿔 버렸다. 레니가 예수를 그린 이후 표준이 만들어진 것이다. 덥수룩한 수염에 파란 눈과 높은 코를 가진 서양 남자. 고통에서도 의연한 얼굴. 바로 이 얼굴이 예수의 얼굴로 공식화했다. 최근 컴퓨터로 유전자 복원 기술을 통해 당시 중동 남자로 표현된 예수의 얼굴과는 차이가 있다. 그림은 실제보다 이미지를 통해 감동을 주는 예술이니까, 흠이 되지는 않겠지.

정점에 오른 순간
몰락이
시작되었다

바로크 미술의 대가
렘브란트의 〈야경〉에 얽힌 이야기

렘브란트
Rembrandt van Rijn, 1606~1669

빛이 없으면 세상은 얼마나 단조로울까? 일단 시시각각 풍경이 변하지 않을 터. 그림에도 영향이 커진다. 아침에 그리는 그림과 저녁에 그리는 그림에 아무런 차이가 없을 테니 말이다. 이래서 빛이 소중한 거다. 빛은 정물(靜物)의 세상에 생명을 불어넣는다.

르네상스 시대 미술가들은 빛에 크게 주목하지 않았다. 색(色)이 생각을 방해한다고 여겼다. 그들은 이성을 중시했고, 현실 세계를 그대로 화폭에 담아내려고 했다. '머리'로 그림을 그렸기에 차분하다. '가슴'은 크게 느껴지지 않는다.

르네상스가 시작되고 200여 년이 흐른 1600년 무렵 이탈리아 화가 카라바조(Michelangelo Merisi da Caravaggio, 1571~1610)가 반기를 들었다. 그는 그림의 특정 부분에 빛을 비추었고, 강렬한 색깔을 담았다. 기존 화가들은 "혼란스럽고 어지러워!"라고 비판했다. 하지만 생동감에 반한 젊은 화가들은 열광했다. 카라바조를 추종하는 화가들, 카라바지스타(Caravaggista)가 생겨났다. 바로크 미술은 이렇게 태동했다.

이 바로크 미술의 최고 화가를 꼽으라면 단연 네덜란드 출신의 렘브란트 판 레인(Rembrandt van Rijn, 1606~1669)이다. 그는 '빛의 마술사'이고 '인간이 도달할 수 없는 경지'에 올랐다. 피카소는 "나는 한낱 엔터

■ **유대인 신부** The Jewish Bride by Rembrandt van Rijn, 1665-1669

테이너(연예인)이고 진정한 예술가는 렘브란트다."라고 했다. 인상주의 조각의 창시자 로댕은 "그와 비교하는 것은 신성모독이다."라고 했다. 렘브란트의 작품 〈유대인 신부〉를 본 낭만주의 화가 들라크루아는 "나는 몇 번을 다시 태어나도 그릴 수 없을 것이다."라며 탄식했다. 같은 그림을 접한 고흐도 "이 그림 앞에서 2주일만 있게 해준다면 내 목숨을 10년 떼어줄 수 있다."라고 했다.

렘브란트의 작품도 그가 누린 명성만큼이나 유명하다. 특히 〈야경(夜警)〉은 미술가들 사이에 서양의 3대 회화로 거론되기도 한다. 참고로 나머지 두 작품은 레오나르도 다빈치의 〈모나리자〉, 스페인 출신 디에고 벨라스케스의 〈시녀들〉이다. 물론 이 평가에 모든 미술가가 동의하지 않는다. 참고로만 알아두시길.

렘브란트가 활동하던 당시 네덜란드에는 상업이 발전하면서 꽤 많은 길드가 있었다. 길드는 배타적이었고, 세력을 과시하는 데 주저하지 않았다. 건축물이나 예술품을 기부할 때는 길드의 수호성인이나 상징물을 꼭 새겨 넣었다. "이거, 우리 길드가 기부한 거야. 모두 잘 알아둬!"

부유한 길드는 시내 중심부에 으리으리한 본부를 지었다. 본부 입구에는 으레 길드 멤버들이 등장하는 단체 초상화를 걸었다. 요즘도 로비에 창업 주역들의 사진을 걸어놓은 회사가 꽤 많다. 이를 길드의 문화유산이라 해야 할까?

〈야경〉은 이런 역사적 배경에서 만들어졌다. 야경은 범죄를 예방

■ **야경** The Night Watch by Rembrandt van Rijn, 1642

하기 위해 야간 순찰을 도는 행위를 뜻한다. 이 작품의 또 다른 이름이 〈야간 순찰〉인 이유다. 맞다. 이 작품은 야경 민병대를 그린 단체 초상화였다.

작품은 대체로 어두워 보인다. 그래서 많은 사람들이 밤에 그린 그림이려니 생각한다. 아니다. 훤한 대낮에 그렸다. 그림을 보호하려고 바른 유약이 시간이 흐르면서 침착돼 어두워졌다. 게다가 이 그림은 난로가 활활 타는 민병대 사무실에 걸려 있었다. 그을음까지 겹치면서 더 어두워졌다. 그 결과 정말로 민병대원들이 야간 순찰 도중에 '찰칵' 사진을 찍은 것처럼 느껴진다. 대낮의 야간 순찰이라니……. 빛의 마법은 이토록 놀랍다.

사실 단체 초상화는 이미 르네상스 시대 때부터 유행했다. 다만 그때는 등장인물의 표정이 비슷했고, 얼굴과 몸의 크기도 대체로 같았다. 졸업사진처럼 천편일률적이다. 그러니 심심하고 무미건조하다. 렘브란트가 초기에 그렸던 단체 초상화도 실은 똑같았다. 하지만 〈야경〉은 확실히 달랐다. 렘브란트는 명암을 통해 생동감을 살려냈다. 대원들의 얼굴과 몸의 크기도 다르게 했다. 물론 포즈도 제각각이다. 덕분에 살아 있는 그림이 됐다. 이 작품이 최초의 바로크 단체 초상화로 여겨지는 이유다.

최고의 걸작을 만들어냈지만 민병대원들의 반응은 싸늘했다.

"우리 똑같이 100길더씩 내지 않았어? 난 왜 작게 그렸지?"

"아니, 나는 반쪽밖에 나오지 않았는걸."

길드의 회원들을 그려 넣은 그림

"그래도 자네는 낫지. 난 코와 눈 하나만 겨우 보인다고."

그들에게 그림의 구도와 주제, 활력은 관심사가 아니었다. 그림 속 자신의 크기가 중요했다. 결국 주인공으로 나온 코크 대위와 그 옆의 부관 로이텐부르그를 제외한 모든 대원들이 수정을 요구했다. 그러나 렘브란트는 꿈쩍하지 않았다. 암스테르담 시내에 소문이 쫙 퍼졌다.

"렘브란트가 초상화의 대가라고? 그에게 주문했다가는 형편없는 그림을 받을 거야!"

렘브란트 몰락의 출발 지점이다. 최고의 작품을 완성한 1642년, 그의 추락이 시작됐다. 이후 아무도 렘브란트에게 단체 초상화를 의뢰하지 않았다. 나중에 이 작품이 암스테르담 시청사에 걸렸다가 국립 박물관으로 '영전'하게 된다는 사실도 당시의 렘브란트에게는 아무런 소용이 없었다.

설상가상으로 같은 해에 아내 사스키아가 죽었다. 수입이 없으니 빚만 늘었다. 동거하던 가정부와는 소송에 휘말렸다. 끔찍이도 아꼈던 외아들 티투스마저 병을 앓다 죽었다. 렘브란트 또한 빈민가 노인으로 쓸쓸히 살다 생을 마감했다.

허무한 결말이다. 어쩌면 현실도 이와 비슷하지 않을까? 이성적이고 차분한 삶은 때론 지루하게 느껴진다. 강렬한 자극이 있으면 생기가 돈다. 하지만 결과를 예측할 수 없다. 바로크 미술에서 인생 철학 하나를 또 배운다.

아직 끝나지 않았다. 렘브란트에게는 '반전 매력'이 숨어 있다. 바로

22세였던 1628년부터 63세였던 1669년까지의 렘브란트 자화상

자화상! 그는 100개의 자화상으로 자신의 인생을 기록했다. 왜곡하지 않고 있는 그대로, 40년 동안 자신의 삶을 그려냈다.

야심만만했던 청년, 자존감으로 똘똘 뭉친 중년, 비참함 속에 구원을 바라는 노년의 모습까지……. 그림 속에는 어떤 배경, 어떤 소품도 없다. 하지만 어렴풋이나마 내면세계를 느낄 수 있다. 명암의 변화 덕분이다. 아, 또 빛의 마법이다. 바로크 미술을 왜 '가슴으로 감상하는 그림'이라고 하는지 알 수 있을 것 같다.

나이키를
참수
하라!

성상 파괴 운동으로
수난당한 예술품들

루브르 박물관에서 〈모나리자〉 다음으로 인기가 많은 작품은 〈니케(Nike)〉 조각상이다. 19세기 그리스 북동부의 사모트라케라는 섬에서 발견되어 〈사모트라케의 니케〉라도도 불린다. 니케를 영어로 읽으면 그 유명한 스포츠 브랜드 '나이키'가 된다.

■ **니케 여신상** The Winged Victory of Samothrace

니케는 그리스 신화에 등장하는 승리의 여신으로, 니케의 조각상은 뱃머리에 부착되어 전쟁을 승리로 이끄는 부적으로도 쓰였다. 루브르 박물관에 전시된 〈니케 여신상〉은 바람에 날리는 옷 주름이 돌 조각이라고 볼 수 없을 만큼 화려하고 아름답다. 사라진 얼굴을 생각하면 아쉬움이 크지 않을 수 없다. 지금도 훌륭하지만 완전한 작품은 얼마나 더 대단했을까? 왜 이런 작품이 훼손됐을까? 운반 중 깨지고 떨어졌을까? 의문이 이어진다.

작은 바위산 하나를 깎아 만든 이집트의 스핑크스. 코가 훼손돼 있다. 수천 년 세월이 흘렀으니 많이 손상된 것은 당연할 테지만 코 부

■ **스핑크스 앞의 보나파르트** Bonaparte Before the Sphinx by Jean-Léon Gérôme, 1886

분은 자연적 풍화 현상이 아니라 틀림없이 인위적인 훼손으로 보인다. 여기서 많은 사람들이 잘못 알고 있는 사실이 있다. 이집트로 원정을 떠난 나폴레옹의 군대가 스핑크스의 코를 표적 삼아 대포 연습을 했다는 얘기다. 확실한 오류다. 당시 나폴레옹을 따라 다니며 기록화를 그렸던 장 레옹 제롬(Jean Léon Gérôme, 1824~1904)의 〈스핑크스 앞의 보나파르트〉라는 작품을 보면 이미 스핑크스의 코가 깨져 있다. 예술에 심취해 전 세계 정복지에서 수많은 작품들을 약탈했던 나폴레옹의 성격으로 미루어 생각해도 프랑스 군대가 스핑크스를 훼손하지는 않았을 것으로 짐작할 수 있다. 나폴레옹보다 훨씬 앞서 이집트를 여행한 작가들의 스케치에서도 스핑크스는 이미 정상적인 코 상태가 아니었다.

이집트의 역사가 알 마크리지(Al-Maqrizi, 1364~1442)가 남긴 책에 단서가 있다. 이슬람교 광신도 알다르(Muhammad al-Dahr)가 1378년 스핑크스에 사람들이 제물을 바친 것을 보고 격분해 파괴했다는 것이다. 이슬람교도 입장에서는 우상 숭배로 생각한 것이다. 떨어져 나간 코 주변에 망치와 끌로 작업한 흔적이 남아 있어 신빙성을 더해준다.

8세기에서 9세기경 유럽에서는 성상(聖像) 파괴 운동이 한창 기승을 부렸다. 성경 〈출애굽기〉(탈출기)에 기록된 십계명 중 두 번째 계명(너를 위하여 새긴 우상을 만들지 말고 또 위로 하늘에 있는 것이나 아래로 땅에 있는 것이나 땅 아래 물속에 있는 것의 어떤 형상도 만들지 말며, 출 20:4)이 그 근거다. 수많은 신과 예수는 물론 성인들을 묘사한 그림과 조각 등의 형상이 우상으로 여겨져 파괴되기 시작했다.

당시는 로마 제국이 동과 서로 나뉘어 있었다. 성상 파괴 운동은 동로마에서 먼저 시작됐는데 그 이유는 아직도 명확하지 않다. 성경 문구 그대로를 따르겠다는 순수한 의도 외에 황제가 성직자를 견제하기 위해 성상 파괴 운동을 일으켰다는 주장도 있다. 일반 신도들이 성상이 있는 교회를 찾아 헌금하는 것을 금지시켜 국가 재정을 확충하는 한편 살아 있는 황제 숭배를 강화하기 위해서라는 것이다. 그러나 서로마 쪽에서는 생각이 달랐다. 글을 읽을 줄 아는 사람이 극히 드물어서 그림과 조각은 신도들에게 기독교의 역사와 신앙을 알려주는 데 유용하게 쓰였기 때문이다.

서로마에서는 유명무실한 황제보다 로마에 있는 교황이 실질적인 권력을 쥐고 있었다. 로마에 있는 교회와 유적지에 전시된 성스러운

밀레이시아 쿠알라룸푸르의 이슬람 예술 박물관

예술품들을 보기 위해서 전 유럽에서 순례객들의 발길이 끊이지 않았다. 교황이 이것을 포기할 리도 없었다. 서로마에서는 성상이 십계명에서 명시한 우상이나 형상과는 다르다고 역설했다. 단지 상징적인 의미라는 것이다.

서기 610년 무함마드에 의해 창시된 이슬람교 역시 성경의 구약을 따른다. 특히 이슬람교는 우상 숭배를 철저하게 배격해 동로마에서 시작한 성상 파괴 운동을 적극 받아들였다. 기존에 남아 있던 수많은 예술 작품을 없애는 것은 물론 무엇을 떠올릴 만한 형상은 절대로 만들지 않는다. 이 전통은 지금까지도 이어져 이슬람 문화권에는 사람 모양을 한 조각과 위대한 성인들의 모습이 담긴 회화 작품이 없다. 이슬람 예술가들은 대신 화려하고 아름다운 문양으로 그들의 기술을 뽐낼 뿐이다.

16세기 마르틴 루터(Martin Luther, 1483~1546)의 주창으로 종교 개혁이 유럽 전역으로 확산되었다. 가톨릭에 맞선 개신교는 여러 가지 이견과 해석으로 또다시 여러 종파로 나뉘어 서로 맞서기도 했다. 성상 파괴도 그 문제 중 하나였다. 루터의 경우 성상에 대해 비교적 관용적인 편이었으나 스위스의 종교 개혁가 울리히 츠빙글리(Ulrich Zwingli, 1484~1531)는 완고했다. 교회 안에 그 어떤 형상도 두지 않도록 했다. 이때 교회에 작품을 납품할 수 없어 수입이 없어진 예술가들이 눈을 돌린 분야가 부유한 상인들을 포함한 인물 초상화와 정물화, 풍경화 등이다.

이슬람 세력권 안에 있는 예술품들은 철저하게 파괴되었고, 동로마와 서로마에 있는 예술 작품들 중에는 파괴된 것도 살아남은 것도 있다. 그리스 시대의 청동 작품들은 대부분 녹여 무기를 만드는 데 쓰였다. 현재 그리스의 청동 작품은 극히 드물게 남아 있다. 대부분은 대리석 작품이다. 대리석으로 만든 작품도 수난을 당하기는 마찬가지다. 돌은 녹여 없앨 수 없으니 바다 속에 밀어 넣거나 강물에 수장시키기도 했다. 그렇게 버리기에 어렵거나 작품 자체가 무거워 운반할 수 없었을 때는? 훼손했다.

예로부터 동양과 서양 모두 큰 죄를 진 사람은 목을 베어 참수했다. 그보다 작은 죄를 지었을 때는 코를 자르는 의형(劓刑), 발꿈치를 자르는 비형(剕刑), 생식기를 자르는 궁형(宮刑) 등을 시행했다. 예술 작품들은 생명이 없는 형상이지만 우상이라고 여겨 이러한 형벌을 가했다.

이슬람교와 동로마에 의해 파괴된 그리스와 이집트의 석상들

지금 남아 있는 그리스 신화 속 신들을 조각한 작품들이 상당수 훼손됐다. 앞서 말한 루브르 박물관 니케의 형상도 아마 그렇게 훼손당했을 것이라 추정한다.

영국 박물관이 가장 자랑하는 소장품은 그리스 파르테논 신전을 장식했던 조각상이다. 외교관이었던 토마스 엘긴(Thomas Bruce Elgin, 1766~1841)이 파르테논 벽에 붙은 작품을 통째로 뜯어와 정부에 판 것이다. 꽤 많은 조각들이 전시되어 있는데 하나같이 머리가 없거나 얼굴이 훼손됐다. 이슬람이 지배했던 그리스 지역에서 이교도로 여겨졌던 그리스 신화 속 신들이 온전히 남아 있기는 어려웠을 것이다.

지금이야 종교직인 이유로 예술 작품을 파괴한다는 것은 상상할 수 없는 일이라 생각하겠지만 오산이다. 아직도 전 세계에서는 그런 일들이 심심치 않게 행해지고 있다. 2001년 3월, 아프가니스탄의 이슬람 원리주의를 내세운 탈레반 정권이 6세기에 만들어진 바미얀 석불을 파괴했다. 예술 작품이라고 할 수 있을지 모르겠지만 우리나라에서도 성당 앞의 조각상들이 훼손됐다는 뉴스가 가끔씩 전해지고 있다. 예술 작품은 힘이 없다. 누군가가 지키고 보호해주어야 온전히 세대를 이어 전해질 수 있다.

서양 미술사 이야기 1

선사 시대 동굴 벽화부터
중세까지

　서양 미술의 역사를 이야기할 때 항상 처음으로 언급하는 것이 스페인 알타미라와 프랑스 라스코 지방에서 발견된 구석기 시대의 동굴 벽화다. 약 2만 년 전의 그림임에도 묘사가 대단히 뛰어나다. 최근 보르네오 동굴에서 발견된 벽화의 연대를 측정한 결과 5만 2천 년 전의 것으로 추정된다고 발표되었다. 동굴 그림의 공통된 소재는 구석기인들이 사냥했던 동물들이다. 이처럼 예술은 주변에서 흔하게 접할 수 있는 것들을 재현하면서 시작되었다.

　고대 문명을 대표하는 메소포타미아와 이집트 지역에서 만들어져 지금까지 전해 내려오는 유물들은 아름다움을 추구하기보다는 지배자의 권력을 드러내거나 주술적 의미를 담았다. 투탕카멘 석관, 네페르

라스코 동굴의 벽화

티티 흉상, 아가멤논 가면은 놀라울 정도로 아름답지만, 그것을 만든 사람은 감상자와 관람객을 염두에 두지 않았다. 진시황의 병마용갱이나 이집트 왕가의 계곡에서 출토된 화려한 '작품'들은 완성되자마자 곧장 땅 속 깊은 곳으로 옮겨졌다.

진정한 아름다움을 추구한 예술은 그리스에서 시작되었다. 그리스인들은 신을 인간과 같은 위치로 끌어내리고 경쟁했다. 더 이상 아름다움은 신의 전유물이 아니었다. 미를 인간의 삶 속으로 끌어들였다. 예쁜 주전자를 만들었고, 집 안팎을 꾸미기 위해 조각과 기둥을 세웠다. 학문이 발달하면서 수학이라는 선물을 얻었고, 그리스인들은 수학에서 아름다움을 발견했다. 비례와 균형이 그리스 예술에 도입된 것이다. 음악 역시 수학자 피타고라스가 비례와 균형으로 체계를 잡은 덕분에 풍성한 결실을 맺을 수 있었다.

수학에서 찾아낸 황금비율은 그리스 미술 곳곳에서 나타난다. 얼굴과 몸의 크기 비율을 1 대 7, 1 대 8로 정하는 것이 여기에서 비롯되었다. 지붕을 얹을 기둥 하나에도 둘레와 원주, 높이를 정확한 비율에 따라 계산했다. 아테네의 아크로폴리스에 지은 파르테논 신전과 그 안에 새겨놓은 각종 조각상들은 최절정기 그리스 예술을 종합적으로 보여준다. 빈틈없고 정갈하며 합리적인 그리스 예술은 거의 3천 년간 서양 미술의 토대가 되었다.

그리스 예술이 이런 대접을 받은 데에는 유럽 전체를 지배한 로마 제국의 힘이 컸다. 로마는 그리스를 무력으로 지배했지만, 오히려 문화적으로는 종속되었다. 많은 그리스의 철학자와 교사, 예술가들이 좋은 대우를 받으며 로마 제국의 일원이 되었다. 중동 지역에서도 마찬가지였다.

로마는 기독교를 접한 이후 국교로 받아들였고, 전 세계로 전파하는 선교사 역할을 착실히 수행했다. 313년 콘스탄티누스 황제의 밀라노 칙령으로 기독교가 공인된 이후 1453년까지 지속한 동로마(비잔티움 제국)는 말할 것도 없고, 476년 서로마 제국이 멸망하고 지배자가 바뀌었을 때에도 서유럽 사람들의 마음속 종교는 변함이 없었다. 권력자와 성직자들은 종교를 지배 수단으로 삼았다. 글을 모르는 백성들에게 기독교 교리를 해설해줄 수 있는 사람이 극소수였기 때문이다. 가혹한 노동과 가난, 질병을 평생 달고 살았던 중세 유럽인은 '구원'이라는 믿음을 붙들고 현실의 고통을 묵묵히 감내했다.

중세 예술의 가장 큰 업적은 건축이다. 종교가 지배한 시대였던 만큼 대부분의 건축물이 교회다. 웅장한 로마네스크 교회와 아찔한 높이를 자랑하는 대성당은 대부분 중세 시대에 지어졌다.

로마네스크 건축물은 전쟁이 잦은 유럽에서 성 역할을 하며 피난처가 되어주었다. 두꺼운 벽을 세우고 지붕은 로마 시대 특유의 아치를 응용해 서로 이어붙인 것이 특징이다. 다만 두껍고 육중한 무게 때문에 높이에는 한계가 있었다. 이를 해결한 것이 서기 1100년경부터 나타나기 시작한 고딕 양식이다. 고딕 양식은 공중부벽(flying buttress, 플라잉 버트레스)이라는 외부 지지대를 만들어 높은 첨탑의 무게를 분산시켰다. 벽이 지지대 역할에서 벗어나자 두께가 얇아지고 넓은 창을 낼 수도 있었다. 넓고 커다란 창에는 성경의 이야기를 담은 스테인드글라스가 설치되었다. 활자가 없어 책이 귀했던 중세에 사람들은 교회의 유리창에 색색으로 그려진 이야기를 보면서 기독교 교리를 익혔다.

730년 중요한 사건이 발생한다. 동로마에서 성상(聖像) 금지령을 내렸다. '우상을 섬기지 말라'는 십계명의 가르침을 예술 분야에도 적용한 것이다. 그림, 조각 등의 예술 활동을 금했을 뿐 아니라 이미 있던 작품들마저 파괴했다. 그리스·로마 시대부터 이어온 예술품들도 훼손되고 사라졌다. 기독교와 마찬가지로 구약 성경을 교리로 삼는 이슬람에서는 초기부터 철저하게 성상을 금했다. 오늘날까지도 이슬람 예술에서는 그림과 조각이 전무하다. 대신 화려하고 기이한 각종 무늬로 벽과 천장 바닥을 장식함으로써 예술적 형상화를 하고 있다. 반면에 서로마에서는 글을 모르는 대중을 교화하기 위해서는 신앙의 대상과 성경의 가르침을 담은 예술 작품이 중요한 역할을 한다고 여겼다. 서유럽 지역에서 그림과 조각 등의 작품이 잘 보존된 것이 이런 이유 때문이다.

이 논란은 르네상스 시기에 터진 종교 개혁 과정에서 다시 점화되었다. 개신교와 가톨릭 사이에서는 물론 같은 개신교 안에서도 성상의 옳고 그름에 대한 주장이 엇갈렸다. 종교 개혁을 최초로 주장한 마르틴 루터는 성상에 관용적이었지만, 스위스의 종교 개혁 지도자 울리히 츠빙글리는 강경한 반대 입장을 취했다. 한국의 개신교는 스위스 종교 개혁을 그 뿌리로 보고 있는데, 이런 이유로 우리나라 대부분의 교회에서는 성화나 조각상을 찾아보기 어렵다.

중세 서양 미술이 지향한 바는 오로지 신이었다. 교회를 비롯한 건축물과 그 안을 징식한 각종 조형물과 성화 등이다. 교회 안의 성화와 성상은 신도들의 신앙을 강화하는 미디어 역할을 했다. 또한 가정에 걸어둔 예수와 성모 마리아, 성인들의 형상이 자기네를 보호한다고 믿었다. 때문에 적의 침입을 받을 때 성화를 성벽에 걸어두기도 했다. 이런 믿음 때문에 중세 미술에서 중요시한 것은 그 내용과 상징이었다. 현실과 얼마나 똑같으냐는 의미가 없었다. 아름다워야 위대하고 성스러우며, 비례와 균형이 맞지 않는다고 해서 형편없다고 평가하지 않았다. 중세 그림과 조각이 때로는 조잡해 보이는 것도 이런 이유 때문이다.

중세 사람에게 지상의 아름다움은 아무런 소용이 없었다. 수많은 중세 작품들의 작가가 알려지지 않은 이유도 마찬가지다. 그림을 그리고 조각을 할 때 작가의 창조적인 아이디어는 필요 없었다. 성화와 조각 모두 규격화된 표현 방식이 있었고, 그게 교회의 기준이 주문한 대로 만들어주면 그만이었다. 중세의 예술가는 차라리 장인에 가까웠다. 공장에서 의자를 만들어내는데 자기 이름을 자랑스럽게 남길 필요가 없었다. 물론 누군가 주문하지 않은 작품을 미리 만들어둘 이유도 없었다.

열심히 살아가는
당신이
세상의 주인공!

플랑드르 화가
브뤼헐의 독특한 신화 해석

14세기 중반 이탈리아에서 시작된 르네상스는 정체된 중세 유럽에 마침표를 찍는 중대 사건이었다. 르네상스는 고대 그리스·로마의 예술과 문화를 되살려 인간 중심의 세상을 만들자는 문예 부흥 운동이었다. 당연히 인간의 이성을 중요하게 여겼다.

이 사상은 미술에도 고스란히 반영되었다. 르네상스 시대의 화파(畫派)를 보통은 고전주의라고 하는데, 원근법과 해부학을 그림에 접목한 게 가장 큰 특징이다. 이를 통해 그림을 가장 사실과 가깝게 묘사했다. 실로 고전적인 발상이 아닌가?

레오나르도, 미켈란젤로, 라파엘로를 르네상스 시대의 3대 천재 미술가로 꼽는다. 이들은 모두 피렌체 출신이다. 르네상스 열풍이 알프스산맥 이북으로 확산한 후로는 그곳에도 천재들이 등장했다. '북구의 레오나르도'라 불리는 독일의 알브레히트 뒤러(Albrecht Dürer, 1471~1528)와 플랑드르의 위대한 화가 피테르 브뤼헐(Pieter Bruegel, 1525?~1569)이 대표적이다.

이탈리아와 알프스산맥 이북 지역의 그림은 내용 측면에서 사뭇 다르다. 이탈리아에서는 종교화나 역사화 혹은 지체 높으신 분들의 초상화가 유행했다. 귀족과 교회가 예술가들을 후원했기에 '스폰서'의 입김

■ **갈보리의 장례 행렬** The Procession to Calvary by Pieter Bruegel the Elder, 1564

에서 자유로울 수 없었기 때문이다.

알프스산맥 이북 지역에는 종교 개혁 열풍이 강하게 불었다. 상업이 발달해 부르주아들의 권력이 강해졌다. 귀족과 교회의 세력이 약해졌으니 예술가들은 자유롭게 그림을 그렸다. 덕분에 서민 냄새 폴폴 나는 작품이 많이 나왔다. 그 대표 주자가 바로 브뤼헐이었다.

이상하리만큼 브뤼헐은 개인사가 거의 알려지지 않은 화가다. 다행히 작품을 많이 남겨 그의 생애와 사상을 짐작할 수 있다. 그는 서양 미술사에서 서민과 농민들을 주인공으로 많은 풍속화와 풍경화를 그린 첫 화가다. 그를 '농민 화가'라 부르는 이유다.

브뤼헐의 작품에는 공통된 특징이 있다. 일단 많은 인물이 등장한다. 그런데 주인공은 없다. 다들 자신의 일과 놀이에 여념이 없으니 주제가 뭔지도 알 수 없다. 어쩌면 어수선해 보일 수도 있다. 그래도 당시 의복이나 생활상은 고스란히 잘 담았다. 덕분에 그의 작품은 500여 년이 지난 지금, 당시 역사를 공부하는 데 귀중한 사료로 활용되고 있다.

또 다른 특징. 그의 작품에는 신화가 녹아 있다! 농민의 삶과 신화 세계라니. 도무지 어울릴 것 같지 않은 조합이다. 현실과 비현실을 한데 섞어놓은 것 아닌가? 하지만 미리 손사래부터 하지는 마시라. 아주 절묘한 조합을 브뤼헐이 만들어냈으니 말이다.

그리스 신화의 미노스는 소의 머리에 인간의 몸을 한 괴물이다. 미노스를 가두기 위한 미로 감옥을 다이달로스가 만들었는데, 고약한 왕은 비밀이 새어나갈까 봐 다이달로스와 그의 아들 이카로스를 가두어 버린다. 깃털을 붙여 날개를 만든 부자는 탈출에 성공한다. 이카로스는 태양에 이끌려 한없이 높이 날다가 날개를 이어붙인 밀랍이 녹는 바람에 추락한다.

이 이카로스 신화를 다룬 서양 미술 작품은 상당히 많다. 그 작품들은 대부분 추락하는 이카로스에 초점이 맞춰졌다. 욕심과 허영, 자만을 경계하라는 메시지를 담기 위해서였다.

브뤼헐도 이카로스의 그림을 그렸다. 그런데 이상하다. 좀 생뚱맞아 보인다. 오른쪽 구석에 있는 바다 위로 이카로스의 두 발이 삐쭉 튀어

■ **이카로스의 추락이 있는 풍경** Landscape with the Fall of Icarus by Pieter Bruegel the Elder, 1558?

이카로스의 추락
The Fall of Icarus by Jacob Peter Gowy, 1635-1637

이카로스의 추락
The Fall of Icarus by Merry-Joseph Blondel, 1819

나와 있을 뿐이다. 그게 이카로스란다. 화려한 비행? 없다. 땅에 있는 사람들은 그 누구도 그의 비행과 추락에 주목하지 않는다. 이카로스를 그렸지만 이 작품의 주인공은 화면 중앙을 차지한 일반 민중이다!

창세기 신화의 바벨탑 이야기도 브뤼헐은 그림으로 옮겼다. 신화에서는 인간들이 하늘에 다다르기 위해 바벨탑을 쌓고, 이에 진노한 여호와는 인부들의 언어를 뒤섞어버려 공사를 중단시킨다. 이 바벨탑 공사를 지시한 인물은 아시리아의 왕 니므롯(님로드)이다. 브뤼헐은 니므롯이 건축 현장을 시찰하는 장면을 그렸다. 이 그림에서도 인부들은 왕의 존재 여부에 크게 관심이 없다. 인부들은 그저 묵묵히 자기 일만 한다. 니므롯은 구석에 배치됐을 뿐이다.

또 다른 그림을 보자. 브뤼헐의 〈베들레헴의 인구 조사〉란 작품이다. 이스라엘의 헤롯왕이 '새로운 왕'이 태어났다는 예언을 듣고 영아 학살을 지시하자 성모 마리아와 남편 요셉은 이집트로 피신한다. 그런데 로마 제국 전체에 인구 조사 명령이 떨어지는 바람에 그들은 고향으로 돌아오게 된다. 이후 마구간에서 예수를 낳았는데, 이 귀향 장면을 그렸다.

이 작품에서도 성모 마리아는 주인공이 아니다. 공무원에게 확인을 받으려 모인 사람들, 돼지 잡는 사람들, 썰매 타고 노는 아이들, 빗질하는 여인, 지붕 공사에 땀 흘리는 인부들……. 그들 틈에 섞인 성모 마리아는 시민 중의 한 명일 뿐이다.

이 그림에 숨겨진 포인트 하나. 인구 조사를 하고 있는 건물을 보라.

■ **바벨탑** The Tower of Babel by Pieter Bruegel the Elder, 1563

■ 베들레헴의 인구 조사 The Census at Bethlehem by Pieter Bruegel the Elder, 1566

조그만 문장(紋章)이 걸려 있다. 합스부르크 가문의 쌍 독수리다. 합스부르크 가문은 19세기까지 약 1,000년 동안 막강한 권력을 누린 유럽 최고의 왕가다. 합스부르크 가문은 로마 가톨릭을 지지했으며 오스트리아와 스페인 등을 지배했다. 그런 합스부르크 가문이 왜 네덜란드 화가 브뤼헐의 작품에 등장한 걸까?

16세기 무렵 네덜란드는 스페인의 식민지였다. 돌려 말하자면 합스부르크 왕가의 식민지였다는 이야기가 된다. 스페인과 달리 네덜란드는 개신교를 믿었다. 그러니 둘 사이의 관계가 좋을 리 없었다. 결국 네덜란드는 독립 투쟁을 시작했다.

바로 이런 상황에서 브뤼헐의 작품에 압제자 합스부르크 가문의 문장이 등장한 것이다. 그가 독립 투쟁에 앞장섰다는 기록은 없다. 혹시 '소심한 저항' 같은 것이 아니었을까? 브뤼헐은 죽기 전에 자기 작품을 모두 태워 달라고 했다. 혹시 식민 통치자들이 자기 그림의 진짜 의도를 알까 봐 두려워서 그랬던 건 아닐까? 정확한 의도는 알 수 없다.

다만 그가 미래의 희망을 이야기하면서 〈농가의 결혼식〉과 〈농부들의 춤〉을 그렸고, 자신의 민족이 좀 더 깨우치기를 바라면서 〈게으름뱅이 천국〉과 〈네덜란드 속담〉을 그렸다는 건 알아두자. 수많은 이념이나 정치 논쟁보다 진정성 있는 이런 그림이 사람의 마음을 더 움직인다. 어쩌면 브뤼헐은 이 사실을 진즉 깨달았던 게 아닐까?

보석으로
그림을
그렸다고?

영롱한 파란색
울트라마린 이야기

요하네스 베르메르
Johannes Vermeer, 1632~1675

프랑스 콩데 미술관에는 《매우 호화로운 베리 공작의 기도서(Les Très Riches Heures du duc de Berry)》(1412~1416, 줄여서 '베리공 기도서'라고도 한다)라는 책이 있다. 이 책은 기도 시간에 읽을 문구와 더불어 달력과 같이 월별로 삽화가 그려져 있다. 그럼 왜 제목에 '매우 ㅎ하루운'이 붙었을까? 물론 책 전체가 최고급 재질로 만들어졌고 당대의 유명한 화가들이 그림 하나, 글자 하나에도 정성을

《베리공 기도서》의 1월 부분. 베리 공작 일가가 선물을 주고받는 장면을 묘사했다. 오른쪽 파란색 옷을 입은 이가 베리 공작이다.

들였지만 가장 큰 이유는 따로 있다. 그림 하나하나마다 짙고 푸른 파란색 배경이 들어가 있기 때문이다.

여러 가지 색깔 중에 파란색이 뭐 대수라고! 그렇지 않다. 서양 미술을 감상하면서 재미있는 것 중 하나가 19세기 이전 작품에서 파란색을 찾는 일이다. 화학 물감이 만들어지기까지는 자연에서 나는 재료를 기름 혹은 달걀에 섞어 물감으로 썼다. 식물도 있고, 광물, 벌레에서도 색깔을 얻었다. 그중에서도 화가들이 최고로 여기는 색깔은 단연 영롱

청금석

한 파란색. 즉 '울트라마린(Ultra Marine)'이다. '먼 바다'란 뜻이다. 울트라마린은 청금석(라피스 라줄리, Lapis Lazuli)이 원료인데, 지금의 아프가니스탄에서만 생산되었다. 유럽에서 보자면 동쪽 먼 바다 '흑해'를 건넌 지역이다. 청금석은 예나 지금이나 보석으로 쓰이고 있으며 가격이 금과 비슷했다. 그러니까 콩데 미술관의 기도서에 이 보석을 맘껏 칠했기 때문에 '매우 호화로운'이라는 이름이 붙은 것이다.

당시 유럽에서 국제 무역이 가장 활발했던 도시 국가가 베네치아다. 베네치아 상인들은 아프가니스탄에서 청금석 원료를 비교적 싼 값에 들여와 유럽 각지에 비싼 가격으로 팔아 이윤을 남겼다. 도시 자체가 부유하기도 했지만 울트라마린을 도매가에 구입할 수 있어서 베네치아 화가들의 작품에서 울트라마린을 상대적으로 많이 볼 수 있다.

워낙 비싼 원료이다 보니 이 물감은 매우 아껴 써야 했다. 보통 그림을 주문할 때는 주문자와 화가 사이에 계약서를 작성하는데, 주문자는 '청금석을 몇 그램 써야 한다'라고 명시하기도 했다. 화가는 그에 맞춰 이 색깔을 조심스럽게 작품에 넣었다. 그러자면 어느 부분에 칠할지도 고민해야 했다. 강도와 성인이 있으면 훌륭한 사람에게 쓰는 것이 당연했다. 종교화가 많았던 당시 그림에서 울트라마린의 혜택을 가장 많이 받았던 인물은 단연 성모 마리아였다.

윌튼 두폭화 The Wilton Diptych by Unknown, 14Century
프랑스 화가가 그린 것으로 추정하는 휴대용 성화다. Diptych는 양쪽으로 접을 수 있는 서판을 의미한다.

중세 시대, 서기 1000년을 맞이하면서 유럽에서는 '최후의 심판'을 두려워했다. 그들은 구원을 위해 기도하고 신을 위해 교회를 지었다. 하늘 높은 줄 모르고 높게 지은 뾰족한 교회의 탑은 구원을 바라며 기도하는 손이다. 그리고 좀 더 확실한 구원을 바랐다. 이때부터 성모 마리아 숭배가 더욱 열렬해졌다. 인간이면서 신을 낳은 여자. 어머니들의 마음이 늘 그렇듯 성모가 우리를 불쌍히 여겨 예수에게 구원을 대신 전구하게끔 비는 것이다. 사람들은 구원을 바라며 성모 마리아에게 기도했다. 한 교황은 "우리가 예수에게 기도하는 것보다 성모에게 기도하는 것이 구원받을 확률이 높다."라고까지 얘기할 정도였다. 미켈란젤로 〈최후의 심판〉에서 성모 마리아는 예수 옆에서 인간을 구원해 주길 바라는 모습을 하고 있다. 이 때문에 그림 속 성모 마리아는 어김없이 파란색, 울트라마린의 옷을 입고 있다. 가장 아름답고 고귀한 원료는 제1순위로 성모 마리아에게 쓰인 것이다.

그림은 설명하지 않는다. 더욱이 기독교를 모르거나 서양 역사에 관심이 없다면 그림을 보고 누가 누구인지 분간할 수 없을 것이다. 서양 미술에서 굉장히 많은 소재로 쓰인 십자가에 못 박힌 예수. 그 주변에는 많은 인물들이 있다. 그러나 울트라마린의 사연을 알면 금세 성모 마리아를 찾을 수 있다.

17세기 네덜란드의 바로크 화가 요하네스 베르메르(Johannes Vermeer, 1632~1675). 우리에게는 〈진주 귀걸이를 한 소녀〉와 〈우유 따르는 하녀〉로 잘 알려져 있다. 베르메르는 19세기까지는 잘 알려지지 않은 화

■ **진주 귀걸이를 한 소녀** Girl with a Pearl Earring by Johannes Vermeer, 1665

■ **우유 따르는 하녀** The Milkmaid by Johannes Vermeer, 1658

가였다. 작품 수도 35개 내외로 적을 뿐만 아니라 전업 화가가 아니어서 여관업을 병행했다. 그러나 프랑스 미술 비평가 테오필 토레 뷔르거(Théophile Thoré-Bürger, 1807~1869)의 재평가로 미술사에 화려하게 등장했다. 베르메르가 빛을 다루는 솜씨는 동시대의 렘브란트에 필적할 만하다. 항상 왼쪽 위에서 내려오는 자연광을 통해 그림을 한없이 부드럽게 감싼다. 인상주의 화가들에게 큰 영향을 끼쳤다.

무엇보다 베르메르는 파란색을 기가 막히게 사용했다. 그의 그림을 실제로 보면 그 색깔 표현에 놀라움을 금치 못한다. 보는 이로 하여금 그림으로 끌어당기는 매혹적이고 영롱한 파란색. 베르메르의 그림에는 파란색이 꼭 들어간다. 울트라마린이 틀림없다. 생활이 어려워 처갓집에 얹혀살면서 여관 업을 했던 베르메르가 어떻게 그 귀한 울트라마린을 썼을까? 그의 그림은 하나같이 크기가 작다. 파란색을 너무 쓰고 싶었지만 무한정 쓸 수 없었기에 캔버스 크기를 줄였다고 한다. 그리고 베르메르의 그림을 X선으로 조사했더니 파란색 층이 이중으로 되어 있더라는 얘기도 있다. 밑에는 비교적 싼 파란색을 쓰고 그 위에 울트라마린을 코팅하듯 얇게 바른 것이다. 또한 베르메르는 그 당시 가치 있다고 여겨지는 종교, 역사, 신화를 주제로 한 그림을 거의 그리지 않았다. 네덜란드의 소소한 일상을 그렸다. 성모 마리아에게나 쓰던 울트라마린을 우유 따르는 하녀의 옷에, 이름 모를 소녀의 터번에 듬뿍 담았다. '알프스 이북의 모나리자'라고 일컬어지는 〈진주 귀걸이를 한 소녀〉는 그래서 더욱 귀하고 아름답게 여겨지는 것인지도 모른다.

■ **최후의 심판** Last Judgement by Michelangelo Buonarroti, 1535-1541

이처럼 화가들이 출혈을 감안하고라도 사용한 울트라마린 덕분에 우리는 수백 년이 지난 지금도 변색되지 않고 영롱하게 빛나는 짙푸른 파란색을 미술관에서 관람할 수 있다.

바티칸 시스티나 성당에 가면 미켈란젤로의 대작 2개를 볼 수 있다.

창세기를 그린 〈천정화〉와 서쪽 벽면을 꽉 채운 〈최후의 심판〉. 미켈란젤로가 예순이 넘어 6년간 홀로 작업한 이 엄청난 프레스코는 바탕이 푸른색이다. 아무리 세계 최고의 부자라고 하는 교황이 의뢰했다 하더라도 이 어마어마한 크기를 보석으로 다 채울 수는 없을 터. 그림 중심에 성모 마리아의 옷을 보면 그 비밀을 알 수 있다. 하늘의 파란색과 성모 마리아의 옷 색깔은 확연히 구분된다. 같은 파란색이지만 울트라마린은 오로지 성모 마리아에게만 쓰였다. 약 70평에 이르는 거대한 그림 속에 울트라마린은 500년이 지난 지금도 그 빛을 잃지 않고 있다.

그리고 고흐가 그린 아름다운 밤하늘. 〈별이 빛나는 밤〉 2개와 〈밤의 카페테라스〉에서 고흐는 김은색을 쓰지 않았다. 고흐의 파란색은 인공 합성물감인 코발트블루. 화학 물감이 발명된 이후 울트라마린은 미술사에서 거의 종적을 감추었다.

드디어
유다가
예수와 겸상을 하다

레오나르도 다빈치의
〈최후의 만찬〉에서 유다 찾기

레오나르도 다빈치
Leonardo da Vinci, 1452~1519

2004년 출간되어 선풍적인 인기를 끌었던 댄 브라운(Dan Brown, 1964~)의《다빈치 코드》. 기독교의 오랜 미스터리였던 성배(聖杯)를 찾는 스릴러 소설이다. 여기에서 작가는 성배를 문자 그대로 컵이 아닌 여자의 자궁을 은유한 것이라 설정했다. 그 단서가 되는 것은 레오나르도 다빈치의 〈최후의 만찬〉.

〈최후의 만찬〉은 레오나르도가 밀라노에 머물던 1495년에서 1497년 사이에 산타마리아델라그라치에 성당 벽에 프레스코화로 그렸다. 예수가 죽기 전날 밤, 제자들과 마지막으로 저녁 식사를 하면서 "이 중에 나를 배신할 제자가 있다."라고 말한 순간을 포착한 그림이다. 르네상스의 특징인 선 원급법이 뚜렷하게 보이며, 레오나르도 작품의 가장 큰 특징인 안정된 구조가 돋보이는 작품이다. 작품의 세로를 삼등분하면 식탁과 예수 머리 위 창문을 정확히 가른다. 가로를 삼등분하면 인물이 각각 3명씩 들어가 있다. 또한 대각선으로 그림을 분할하면 소실점은 정확히 예수의 얼굴에서 만난다. 숨 막히게 꽉 짜인 수학적 비례지만 인물들의 살아 있는 듯한 표정과 몸짓이 그림을 생생하게 만든다.

댄 브라운은 예수의 오른쪽 인물과 벌어진 사이 삼각형이 성배의 모

■ **최후의 만찬** The Last Supper by Leonardo da Vinci, 1492-1498

양을 상징한다고 했다. 예수 오른쪽에 앉은 사람은 그의 제자가 아니고 여성, 즉 예수의 아내라고 추정되는(물론 《다빈치 코드》 속에서) 막달레나 마리아라는 것이다.

소피는 예수의 바로 오른쪽에 앉은 인물을 면면히 들여다보았다. 인물의 얼굴과 몸을 살피는 동안 그녀 내부에서 충격이 일어났다. 그 인물은 흐르는 듯한 붉은 머리칼과 섬세하게 모아 쥔 손 그리고 살짝 솟은 가슴으로 보아 의심할 여지없는…… 여자였다.

_ 《다빈치 코드》 2권 11p, 2004, 베텔스만

이 소설을 읽으며 깜짝 놀란 사람들이 많다. 〈최후의 만찬〉이란 작품을 알고 있었는데, 왜 그런 생각을 못했을까? 왜 레오나르도는 여자를 그려 넣었을까? 정말 성배를 상징한 것은 아닐까?

그러나 결론부터 말하면 이것은 완벽한 허구다. 사실 서양 미술에 조금이라도 관심이 있는 사람이라면 댄 브라운의 소설 설정부터 코웃음을 쳤을 것이다. 서양 미술에서 나타나는 사도 요한의 모습은 한결같다. 여자같이 예쁜 얼굴에 다른 제자들과 달리 유독 수염이 없는 모습으로 표현했다. 열두 제자 중 가장 나이가 어렸기 때문에 그렇게 그렸을 수도 있다는 얘기가 있지만, 어쨌든 서양 미술 속 요한은 무조건 그렇게 그렸다. 서양 미술에는 공식과도 같은 것이 있다. 글을 읽을 줄 아는 사람들이 적었기 때문에 그림은 누구나 알 수 있는 상징으로 표현해야 보는 사람들이 헷갈리지 않는다. 이순신 장군을 그릴 때 항상 거북선을 배경으로 해야만 어떤 인물인지 구별할 수 있는 것과 같은 이치다.

레오나르도의 〈최후의 만찬〉은 밀라노 성당의 식당 벽에 그려져 있다. 중세 이전부터 최후의 만찬 장면은 서양 미술에서 중요한 소재였다. 특히 식사하는 장소인 만찬

최후의 만찬을 다룬 작품 속 사도 요한

장에 많이 그려졌다. 아무 생각 없이 음식을 먹는 것이 아니라 그때마다 신을 생각하고 감사하는 마음을 갖게 하려는 것이다. 밀라노 성당처럼 벽에 그려진 프레스코화도 있고 캔버스에 그려서 식당 혹은 근사한 만찬 장소에 걸어두기도 했다. 물론 그 그림들 속에서 요한은 어김없이 수염이 없는, 마치 여자처럼 그려져 있다.

서양 미술 속 수많은 최후의 만찬 그림을 보면서 재미있게 감상하는 방법이 하나 더 있다. 바로 '유다 찾기'다. 가롯 유다는 예수를 은화 30냥에 밀고했고 그 죄책감에 자살을 한 열두 제자 중 한 명이다. 그래서 기독교 문화권에서 2천 년 동안 유다는 악의 상징으로 여겨졌다.

예로부터 예수와 그의 제자들이나 성인(聖人)들의 머리 부근 혹은 몸 전체 뒤쪽으로 '님부스(nimbus)'라고 하는 밝은 빛이나 원형 테두리

뉴욕 자유의 여신상 머리 부분에 보이는 님부스

등을 그려 넣었다. 위대함과 성스러움의 표현이다. 흔히들 예쁘고 잘생긴 사람을 보고 이렇게 얘기한다. "와, 어제 누구를 봤는데, 뒤에 아우라가……." 아우라(aura)는 독일 철학가이자 예술 평론가 발터 벤야민(Walter Benjamin, 1892~1940)이 만든 말이다. 예술 작품에서 모조품이 도저히 따르고 흉내 낼 수 없는 원본의 분위기와 고상한 품격을 일컫는 것이다. 그래서 이 표현을 연예인 등에게 쓰는 것은 어울리지 않는다. 님부스는 기독교 인물뿐 아니라 불교문화, 더 나아가서는 이집트, 아메리카 대륙에서 신의 형상을 묘사할 때 그림과 조각에서 표현하는 방식이었다. 앞서 말했듯 서양 미술에서는 공식처럼 거의 '의무적'으로 삽입해야 했다. 현실 자각에 눈을 뜬 르네상스 시기에 와서 점차 희미해지면서 바로크 시대에는 종적을 감춘 미술 기법이다.

최후의 만찬 장면에서 '유다 찾기'는 매우 쉽다. 예수를 포함한 총 열세 명의 인물 중 유독 유다만 이 님부스가 없다. 예수를 배반한 악인이기 때문에 성스러운 장치를 해줄 필요가 없기 때문이다.

레오나르도, 미켈란젤로, 라파엘로는 르네상스 3대 천재다. 찬란한 르네상스를 정점으로 이끌었고 다음 예술 사조인 매너리즘과 바로크

최후의 만찬에서 유다 찾기

를 예고했다. 이들은 성인들에게서 님부스를 걷어낸 과도기적 예술가들이다. 라파엘로의 성화를 보면 님부스가 있지만 가까이서 들여다봐야 보일 만큼 아주 희미하게 그려져 있다. 거의 대부분의 그림을 교황의 주문으로 그려야 했던 라파엘로였기 때문에 기독교의 '공식'으로 님부스를 넣어야겠지만, 그것이 현실에 맞지 않다고 생각한 그는 겨우 그리는 '시늉'만 했을 것이다.

노년의 미켈란젤로가 르네상스가 거의 끝나갈 무렵 6년간 완성한 〈최후의 심판〉(1535~1541)에서 중앙의 예수 뒤쪽에 온몸을 둘러싼 님부스가 보인다(94페이지 〈최후의 심판〉 참조). 그렇지만 다른 화가들이 했던 것처럼 전형적인 님부스는 아니다. 하나의 배경처럼 보인다. 레오나르도는 〈최후의 만찬〉에서 님부스를 모두 걷어냈지만 예수 뒤에 교묘한 장치를 두었다. 창문 위쪽의 아치형 장식이 마치 예수의 님부스처럼 보이게 한 것이다.

최후의 만찬 장면에서 열세 명 중 유다를 찾는 또 다른 방법이 있다. '겸상'하지 않은 사람을 찾으면 되는 것이다. 작가들은 유다가 감히 거룩한 만찬에 끼는 것을 허락하지 않았다. 멀찍이 두었다. 식탁 끄트머리에, 아니면 화면에서 보이는 예수와 제자들과는 달리 반대편 자리에 등을 돌리게 하고 앉혔다. 어떤 작품에서는 님부스 대신 머리 위에 악마의 형상을 그리기도 했다. 그래야 설명이 없어도 누구나 유다를 구분할 수 있었기 때문이다.

레오나르도는 이런 판에 박힌 그림 구성이 싫었다. 너무 비현실적이

었다. 그래서 드디어 유다를 예수와 '겸상'시켰다. 유다가 만찬 식탁 안쪽으로 들어온 것이다. 그렇다면 님부스도 없고, 앉은 자리 구분도 없는 유다를 레오나르도의 그림에서는 어떻게 찾아낼까?

유다를 찾는 마지막 한 가지 방법이 더 있다. 바로 예수를 팔고 유대인에게 받은 은화 30냥이 든 돈주머니다. 그는 식사를 하면서도 돈주머니를 오른손에 꼭 쥐고 있다. '유다 찾기'의 세 번째 방법이다. 레오나르도 그림에서뿐 아니라 거의 대부분의 서양 미술 속 유다는 이 돈주머니를 놓지 않는다. 서양 미술의 공식이니까.

아동 성추행범으로
쫓아내더니,
이제 와서…

오스트리아 천재 화가,
에곤 실레 이야기

에곤 실레
Egon Schiele, 1890~1918

2021년은 알리기에리 단테(Alighieri Dante, 1265~1321)가 죽은 지 정확히 700년이 된 해다. 중세를 탈피해 '인간 중심' 르네상스를 처음으로 연 단테. 서양 역사에서 그가 끼친 영향은 이루 말할 수 없이 크다. 단테의 작품《신곡(神曲)》(1321)은 단순한 문학 작품에 머무르지 않는다.《신곡》속 이야기는 문학, 미술, 음악 등 후대의 다양한 예술 작품으로 이어졌다.《신곡》에서는 지옥문 앞에 '여기 들어오는 자, 모든 희망을 버릴지어다.'라는 경구가 걸려 있다고 했다. 미켈란젤로의 〈최후의 심판〉속 오른쪽 하단 지옥의 입구에서 고뇌하는 사람과 로댕의 〈지옥의 문〉중 일부인 〈생각하는 사람〉이《신곡》에서 모티브를 가져온 작품이다.

당시는 교황과 신성 로마 제국 황제의 권력 다툼이 심했고, 관계는 아슬아슬했다. 황

〈최후의 심판〉 속 고뇌하는 사람

〈지옥의 문〉 속 〈생각하는 사람〉

제에 등극하려면 대관식에서 교황 앞에 무릎을 꿇어야 했지만 형식적이었다. 교황이 황제를 파문하는가 하면, 황제가 군대를 이끌고 교황이 있는 로마를 공격하기도 했다.

신성 로마 제국 황제가 있던 지금의 오스트리아·독일 지방과 로마 사이에는 여러 도시 국가들이 존재했다. 피렌체를 비롯해 피사, 제노바, 베네치아, 밀라노 등의 도시 국가들은 저마다 이익에 따라 황제 편을 들었다가 교황 편에 서기도 했다. 여당과 야당 지지와 같다. 한 도시 국가 안에서도 신분에 따라 지지하는 입장이 달랐다. 보통 교황을 지지하는 사람들을 구엘파(Guelphs)라고 했고, 황제를 지지하는 쪽은 기벨린파(Ghibellines)라고 했다.

1300년 피렌체 행정 장관에 선출된 단테는 기벨린파, 즉 반교황파였다. 2년 후 프랑스 군대와 제휴한 교황파에 의해 피렌체의 권력자가 바뀌었다. 단테는 반역죄를 선고받았는데, 그것은 사실상 사형 선고나 다름없었다. 마침 피렌체에 없었던 단테는 이때부터 귀향하지 못하고 죽을 때까지 긴 유랑 생활을 했다. 시에나와 베로나를 거쳐 결국 그의 유해는 지금 라벤나의 산피에르마조레 성당에 안치돼 있다.

사형을 선고해 단테에게 고향을 떠나 살게 했던 피렌체는 약 5백 년후 뒤늦게야 단테의 시신을 돌려달라고 요구한다. 1829년 산타크로체 성당에 단테의 묘까지 만들었다. 하지만 라벤나가 단테의 시신을 돌려줄 리 없었다. 이미 라벤나는 '단테 지구'를 조성해 묘지와 박물관까지 세웠다. 단테가 5년간 망명 생활을 했던 베로나도 단테 '소유권'을 주장

왼쪽부터 베로나와 피렌체의 단테 조각상, 라벤나의 단테 무덤

하며 그의 동상을 시내 중심에 세웠다. 볼로냐에도 단테의 흉상이 있다. 볼로냐 대학을 다녔기 때문이다. 이런 일련의 노력들은 단테의 정신을 계승하고 망자의 평온한 안식을 위해서라기보다는 또 하나의 관광 명소를 만들려는 의도로 보여 씁쓸하다.

○○○의 도시, □□□가 다녀간 곳, △△△가 극찬한 곳……. 관광지에서 흔히 볼 수 있는 문구다. 가우디와 바르셀로나, 모네와 지베르니, 고흐와 아를, 클림트와 비엔나. 모두 미술가를 자기네 지역에 성공적으로 유치한 사례다.

19세기 미술가 중에도 단테와 비슷한 예가 있다. 오스트리아의 천재 화가 에곤 실레(Egon Schiele, 1890~1918)다. 서른도 안 된 나이에 요절했지만 미술사에 그가 남긴 영향은 적지 않다. 모차르트가 열일곱 살의 베토벤을 만나 '세상을 놀라게 할 아이'라고 예견했듯, 실레 역시 같은 나이에 당시 최고의 화가 클림트로부터 천재성을 인정받았다.

실레는 오스트리아의 최고 미술 교육 기관에 들어갔지만 틀에 박힌 기성 화풍에 반발해 동료들과 새로운 미술가 모임을 만들었다. 그는 자화상을 비롯해 초상화를 주로 그렸다. 전신을 그린 누드화는 아름답지 않다. 뼈만 앙상하게 남은 육체는 기괴하고 고통을 호소하는 듯하다. 적나라한 성적 표현은 보는 사람을 불편하게 만든다. 하지만 그 안에는 인물의 감정이 충분히 들어가 있다.

추상화란 사물과 풍경에서 그 인상만, 즉 핵심적인 것만 남기고 나머지를 생략하는 것을 주된 표현으로 한다. 실레의 그림은 추상화가 아니고 실체가 드러나는 구상화다. 다만, 그가 그린 인물은 살과 근육이 거의 없다. 육체에 담긴 영혼의 감정만 강조했다. 인물의 눈이 특히 공포와 불안을 내비치며 절규하고 호소하는 모습을 잘 보여주고 있다. 실레는 표현주의 화가들에게 열렬한 지지를 받았다. 표현주의는 20세기 초 나타난 미술 양식으로 자연의 재현을 거부하고 감정의 표현을 최우선시했다.

실레의 초상화에는 특이히게도 어린 소녀들이 많다. 여동생을 포함해 동네 어린 아이들을 데려다가 모델로 세웠다. 그는 한동안 어머니의 고향인 체코의 체스키 크룸로프에서 머물며 그림을 그렸다. 여기서

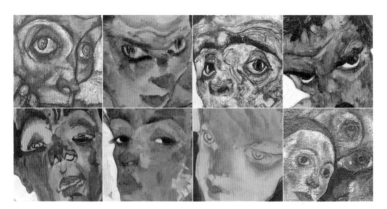
실레의 그림 속 인물들의 눈빛

도 미성년의 누드를 그린 것이 문제가 되었다. 동네 주민들의 탄원으로 쫓겨났다. 다시 발도 못 붙이게 추방한 것이다. 이후 옮겨간 곳에서는 같은 이유로 유치장 신세까지 졌다. 곳곳에서 스캔들을 몰고 다녔던 실레지만, 우여곡절 끝에 가정을 꾸린 후에는 평화롭고 안정된 삶을 바랐다. 태어날 아기를 기다리며 그린 〈가족〉이 그의 마지막 작품. 그러나 그해 유럽에 퍼진 스페인 독감으로 실레와 아내 그리고 아직 태어나지도 못한 뱃속의 아기는 세상과 이별을 했다.

두 번에 걸친 세계 대전이 끝나고 에곤 실레에게 다시 한 번 조명이 쏟아졌다. 클림트의 뒤를 이은 오스트리아의 천재. 단테에게 그랬던 것처럼 여기에 슬며시 체코가 숟가락을 얹는다. '실레의 외갓집', '실레의 아틀리에가 보존된 곳', '에곤 실레 박물관' 등 마을에 들어서면 곳곳에서 에곤 실레의 흔적을 홍보한다.

■ **가족** The Family by Egon Schiele, 1918

■ **자화상** Self Portrait by Egon Schiele, 1910

체스키 크룸로프에 있는 에곤 실레 하우스(Egon Schiele House)

　체스키 크룸로프는 체코의 수도 프라하 근교에 있어 많은 관광객들이 찾는 곳이기도 하다. 우리에게는 '카카오톡'의 기본 배경 화면으로도 잘 알려져 있다. 아름다운 경치를 보기 위해 이곳을 찾은 관광객들은 뜻밖에 만나게 되는 에곤 실레를 반가워한다. 그의 흔적을 신기해하며 이곳에서 제작한 기념품을 산다. 하지만 정작 백 년 전 이 마을이 실레를 쫓아낸 사실은 잘 모른다. 그저 에곤 실레의 '제2의 고향'이었겠거니 한다. 그렇게 체스키 크룸로프는 실레를 관광 상품화하는 데 성공했다.

　어찌 보면 남의 나라 이야기만은 아니다. 우리나라의 작곡가 윤이상(1917~1995)은 유럽에서 활동하며 동양 사상을 담은 서양 음악을 선보여 세계를 놀라게 했다. 독일의 한 방송국이 선정한 '20세기 가장 중요한 작곡가 30인'에 선정되기도 했다. 그런 그가 1967년 이른바 '동백림 사건'에서 간첩으로 조작돼 사형 선고를 받았다. 이후 전 세계 음악인들의 구명 운동으로 사면됐으나 한국에서 추방돼 영영 고국 땅을 밟지 못했다. 윤이상의 고향 통영은 그를 기리기 위한 국제 음악당을 2012년 건립했다. 그나마 다행인 것은 단테와는 달리 사망 후 23년이 지난 2018년 베를린으로부터 유해를 인도받아 통영에 안장했다는 사실이다.

벽지보다 못한 그림이
서양 미술사를
전복하다

〈인상, 해돋이〉로부터
인상주의가 시작되다

클로드 모네
Claude Monet, 1840~1926

지금 젊은 사람들에게는 너무 먼 얘기겠지만, 20세기 말 문화의 전복자는 '서태지와 아이들'이었다. 서태지로부터 시작된 가장 큰 변화는 무엇보다도 미디어에 종속되어 끌려가던 아티스트가 독립을 이룬 것이었다. 방송사 편의대로 짠 스케줄을 거부하고, 사전심의에 맞서 자기가 하고 싶은 음악과 표현을 펼치는 '예술가'가 탄생했다. 서태지가 데뷔하던 1992년, 새로 선보인 랩 장르에 대해 많은 기성세대는 불편했다. 특히 그들의 선배 가수와 평론가들은 혹평을 쏟아냈다(서태지가 처음 출연했던 〈MBC 특종 연예〉는 아직도 많이 회자되고 있다). 당시 언더그라운드 가수들은 대중에게 자신들의 음악을 선보이기가 힘들었다. 그러나 다들 알다시피 서태지는 비주류 음악으로 기성 가수들을 제치고 반란에 성공했다. 이후 랩과 힙합, 록 음악 등 언더그라운드에 머물렀던 다양한 음악이 수면 위로 떠올랐다. 이를 이끈 서태지는 '문화 대통령'으로 등극했다.

19세기 프랑스 화단(畵壇)에도 비슷한 일이 일어났다. TV, 인터넷이 없던 시기에 화가들이 자신의 작품을 내보일 수 있는 매체는 전시회가 유일했다. 프랑스에는 루이 14세 시절 이후로 국가가 주관하는 미술 전시회가 있었다. 루브르 궁전의 '살롱 카레(Salon Carre)'에서 전시회가

살롱의 전시회를 묘사한 그림과 오늘날 루브르 박물관의 그랜드 갤러리

열려 흔히 '살롱'이라고 불렸다. 화가를 꿈꾸는 지망생들의 국가 고시라 할 수 있다. 살롱에서 인정을 받아야 그림 주문을 받을 수 있고 제자를 들여 가르칠 수 있었다. 연간 약 3,000~4,000개 작품이 전시됐지만 유명 화가의 작품이 우선이었고, 한 화가가 여러 작품을 전시했기 때문에 신예들의 입선은 쉽지 않았다.

이를 심사하는 이들은 저명한 화가들과 학자들로 구성된 아카데미다. 정부에서 운영하는 기관이다. 아카데미의 심사 기준은 명확했다. 역사, 종교, 신화를 주제로 다룬 작품이 최우선이었다. 다음 서열은 초상화와 풍경화다. 초상화도 유명한 위인 혹은 왕족과 귀족이어야만 했다. 풍경에도 성경이나 역사 속 이야기가 들어 있어야 했다.

18~19세기는 미술 사조로 보면 신고전주의 시대다. 고상한 주제, 엄격한 선, 튀지 않는 색채가 특징이다. 그리스 시대 건축물의 하얀 대

■ **춤추는 무희** The Star(Dancer on Stage) by Edgar Degas, 1878

리석같이 이상적인 예술로 다시 돌아가자는 이념이다. 신고전주의를 창시한 '화단의 나폴레옹' 자크 루이 다비드가 대표적이다. 그의 작품 〈알프스를 넘는 나폴레옹〉이 아카데미가 추구하는 그림의 교과서다. 고상한 주제와 치밀한 데생이 돋보이고 색채가 차분하다. 실제 알프스를 넘을 때 탔던 나귀 대신 멋진 말에 올라 지휘하는 모습으로 이상화시키기도 했다.

이러한 분위기가 이어오던 19세기 말, 아카데미 규칙에 식상한 화가들은 새로운 주제의 그림을 그리고 싶어 했다. 고상하지 않은 일상을 표현하고 싶었다. 그러나 그들의 그림은 아무도 알아주지 않았다. 대중과 만날 수 없었던 이 화가들은 급기야 자신들만의 '살롱' 전시회를 열었다. '화가, 조각가, 판화가 등 무명 예술가들의 모임'을 결성해 1874년 총 29명의 화가가 165개 작품을 전시했다.

이때 참여한 에드가 드가(Edgar Degas, 1834~1917)가 훗날 그린 〈춤추는 무희〉를 보면 화려한 색채가 드러난다. 당시 발레리나는 매춘부 역할을 한다고 알려졌는데 이들을 살피는 검은 양복 남자를 그려 넣었다. 고상하지 않은 주제다. 오귀스트 르누아르(Pierre-Auguste Renoir,

■ **인상, 해돋이** Impression, Sunrise by Claude Monet, 1872

1841~1919) 역시 아카데미 기준에 부합하지 않은 소소한 주제를 불분명한 스케치로 그렸다.

이 전시회를 구성하고 이끈 것은 클로드 모네(Claude Monet, 1840~1926)다. 그가 전시회에 낸 작품은 〈인상, 해돋이(Impression, Sunrise)〉다. 모네의 그림 역시 일상에서 볼 수 있는 흔한 주제다. 특히 모네는 데생을 거의 무시하고 색채만으로 그림을 표현했다. 모네에게는 색채가 무엇보다 중요했다. 신고전주의 작품들은 선만으로 구성과 형태가 살아나지만 모네의 그림에서 색이 빠지면 아무런 의미가 없다.

전시회가 시작된 지 열흘이 지난 4월 25일 풍자 잡지 〈르 샤리바리〉의 미술 비평가 루이 루르아가 전시회를 둘러보고 기사를 썼다. 이 글은 가상의 인물 '뱅상'을 등장시켜 루르아와 대화하는 형식으로 전시회 작품을 평가했다.

"이들은 도대체 세심하게 그리려고 애쓰지 않는구먼. 피사로의 저 그림을 봐. 2층 건물에서 내려다보면 사람들이 저렇게 보인다고? 검은 점 하나로? 맙소사, 여자도 전시회에 참여했어. 베르트 모리조, 저 여자는 검은 점 하나를 찍고 개라고 우기는 거야? 도무지 정성이라곤 찾아볼 수가 없군."

기사의 마지막은 이렇게 맺는다.

재앙은 마지막에 찾아왔다. 모네의 그림 앞에 선 뱅상이 소리쳤다.

■ **전원 풍경** Paysage by Berthe Morisot, 1867

"인상? 그래 인상적이야! 이건 인상적일 수밖에 없어! 우리 집 벽지도 이것

보다는 나을 거야."

이 기사가 발표된 이후 파리의 시민들은 이 전시회에 참여한 화가들

을 '인상주의자'라고 비웃었다. 조롱 담긴 말에서 인상주의가 탄생한

것이다. 3년 후인 1877년, 이 화가들은 제3회 전시회부터는 스스로 '인

상주의전'이라고 명명했다.

원래 인상주의는 특별한 화풍을 목표로 시작하지 않았지만 이 전시

회에 참여했던 화가들은 공통점이 있었다. 인상주의가 나오기 이전에

화가들은 실외에서 작업하지 않았다. 대상을 스케치만 해온 후에 화실

에서 오랜 시간 채색 작업을 했다. 이들은 교회의 색깔도 물과 하늘의

색깔도 알고 있었다. 이성적으로 생각해 유추했다. 기억과 경험이라는 사고로 그림을 그렸던 것이다.

하지만 인상주의자들은 달랐다. 그들은 생각하지 않았다. 대상이 눈에 보이는 바로 그 순간 그대로를 그렸다. 같은 교회도 새벽과 저녁, 비오는 날과 맑은 날 달라져 보이는 색깔을 칠했던 것이다. '생각하는 나'에서 바라보는 나'로 바뀐 것이다. 이것이 인상주의의 특징이다.

이런 인상주의가 나올 수밖에 없었던 3가지 배경이 있다. 첫 번째, 튜브 물감의 발명이다. 1841년 영국에서 존 랜드가 튜브를 만들기까지 화가들의 야외 작업은 물리적으로 불가능했다. 하지만 튜브 물감이 발명되면서 인상주의자들은 야외에서 그 순간에 보이는 색을 바로 칠할 수 있었다. 두 번째는 기차의 보급이다. 칙칙한 대도시에서 생활했던 화가들은 자신의 상상으로 그림을 그렸다. 그러나 기차가 대중화되면서 소풍을 가듯 전원으로 쉽게 나갈 수 있게 됐다. 시시각각 변하는 야외의 화려한 빛의 향연을 볼 수 있었다. 마지막으로 인상주의자들의 그림에 크게 영향을 미친 것은 사진이었다. 당시 화가들은 살롱에 입선해 인정받고 그 이름값으로 초상화를 그려주면서 수입을 얻었다. 하지만 사진이 발명되면서 화가들의 오랜 노력을 불과 몇 분, 몇 초 만에 대신할 수 있게 됐다. 사진을 본 아카데미의 들라로슈란 화가는 "회화는 죽었다."고 얘기했다. 다비드의 수제자 앵그르는 "참으로 아름답다. 할 말이 없군."이라고 탄식했다.

지금은 수천 년을 이어온 그림들보다 불과 백 년 전부터 선보인 인

세계 최초의 사진. 프랑스 발명가 니에프스가 1826년경 촬영한 것이다.

상주의 그림이 더 비싸게 팔리고 있다. 없어서 못 판다. 많은 이유가 있겠지만 그중 뒤랑 뤼엘(Paul Durand-Ruel, 1831~1922)의 공로를 빼놓을 수 없다.

　파리의 화상(畵商)이었던 뤼엘은 특히 인상주의자들을 후원하고 그들의 그림을 다수 수집했다. 그러던 중 미국 화가 메리 커샛(Mary Cassatt, 1844~1926)의 도움으로 1886년 미국에서 전시회를 열었다. 1865년 남북 전쟁을 끝낸 미국은 신흥 강대국으로 성장하고 있었다. 경제적으로 다른 나라를 압도할 만큼 부를 쌓았다. 다만 신생 국가이다 보니 문화적으로는 유럽 국가들에 비해 뒤처졌다. 아무리 돈이 많아도 예술 작품 수집에 한계가 있었다. 뤼엘은 이런 미국의 심리를 꿰뚫었다. "미국은 구세계 유럽과 다르다. 미국만의 새로운, 앞서가는 예술 작품이 걸맞다." 전략이 기가 막히게 들어맞았다. 인상주의 그림들은 미국에서부터 새롭고 현대적인 예술 작품으로 평가받았다. 수집 열풍이 불면서 유럽으로 인기가 역수출됐다.

대중들은 물론 젊은 예술가들도 시대를 반영한 인상주의에 열광했다. 신고전주의를 전복하고 인상주의가 주류로 올라섰다. 살롱이 시작된 바로크와 앞선 르네상스 시대부터 이어진 '그림은 재현'이라는 공식이 무너진 것이다. 현대 미술의 출발점이기도 하다. 화가가 자기가 원하는 대로 그리고 싶은 것을 그리게 됐다. 벽지보다도 못하다고 혹평받던 '언더그라운드의 작품들'이 반란에 성공했다.

공모전 낙선자가
해결한
120년 난제

피렌체 대성당 '돔'을 설계한
브루넬레스키 이야기

필리포 브루넬레스키
Filippo Brunelleschi, 1377~1446

■ 성삼위일체
The Holy Trinity by Masaccio, 1425-1427

지금은 누구나 알고 있는 원근법. 르네상스 시대의 산물이다. 철저하게 수학적으로 계산된 원근법을 만들어 그림은 물론 공학에도 활용한 인물이 필리포 브루넬레스키(Filippo Brunelleschi, 1377~1446)다. 첫 번째 르네상스 건축물은 그가 만든 피렌체 고아원이다.

그의 영향으로 본격적인 르네상스 최초의 그림인 마사초(Tommaso di Ser Giovanni di Simone cassai, 1401~1428. 'Masaccio'라는 이름으로 더 알려져 있다)의 〈성삼위일체〉가 탄생했다. 이 그림은 정교한 원근법이 적용되어 처음 보는 사람을 놀라게 했다. 마치 벽을 파내서 만든 조각이라고 생각했다.

피렌체에서 태어난 브루넬레스키는 원래 조각가를 꿈꾸었다. 그가 20대 초반일 때, 피렌체에서 세례당 청동문을 공모했다. 12세기 건축된 산조반니 세례당은 지금의 대성당인 산타마리아 델피오레(피렌체 대성당, 두오모. '꽃의 성모 마리아'라는 뜻)가 지어지기 전까지 피렌체의 주

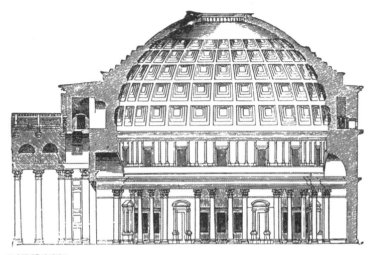

로마 판테온의 단면도

성당 역할을 했다. 이곳은 피렌체 시민 대부분이 태어나자마자 세례를 받았던 중요한 곳이다. 세례당에는 동쪽, 남쪽, 북쪽 세 곳에 출입문이 있다. 이 가운데 동문에 청동 부조 조각을 새겨 넣고자 1401년 피렌체 시가 공모전을 열었다.

공모 주제는 '이삭의 희생'이었다. 7명이 지원한 가운데 브루넬레스키는 결승까지 올라갔지만 패했다. 로렌초 기베르티(Lorenzo Ghiberti, 1378~1455)가 공모전에 1등으로 당선됐다. 16세기 《르네상스 미술가 평전》을 쓴 조르조 바사리는 두 사람의 작품이 모두 뛰어나 공동으로 당선됐지만 자존심 상한 브루넬레스키가 수상을 거부했다고 기록했다. 어찌됐건 브루넬레스키는 이때부터 조각을 그만두었다. 친구인 조

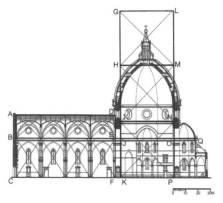
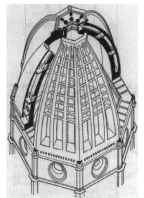

피렌체 대성당의 단면도

각가 도나텔로와 로마로 가서 고대 건축을 공부한다. 좌절할 법도 하고, 자존심 강한 그라면 절치부심해 기베르티의 기를 꺾고자 노력했을 텐데 브루넬레스키는 조각과는 다른 길을 모색했다.

어찌 보면 브루넬레스키의 낙선은 피렌체로서는 큰 행운이었다. 당시 피렌체는 1296년 착공한 대성당(피렌체 대성당)을 완성하지 못한 채 방치하고 있었다. 도시 국가 피렌체의 부를 과시하고자 약 3만 명이 들어설 수 있는 세계 최대의 성당을 설계했다. 그러나 당시는 이 거대한 성당의 지붕을 얹을 기술이 없었다. 브루넬레스키는 로마에서 특히 판테온에 관심을 갖고 연구했다. 2세기에 지어진 판테온은 그때까지도 세계 최대의 돔을 가진 건축물이었다. 수년간 브루넬레스키는 판테온을 분석했다.

피렌체로 돌아온 브루넬레스키는 호언장담했다. 자기만이 피렌체

피렌체 대성당과 산조반니 세례당. 동그라미로 표시한 부분이 산조반니 세례당 지붕이다.

대성당의 돔을 완성시킬 수 있다고. 피렌체시는 기베르티를 공동 관리자로 임명해 돔 제작을 시작한다. 공사를 이어가던 중 브루넬레스키는 병을 핑계로 출근하지 않았다. 작업이 진척되지 않았다. 집에 찾아온 관계자들에게 "그 잘난 공동 책임자에게 물어보면 될 것 아니오."라고 답했다. 사실 기베르티는 건축에는 서툴렀다. 브루넬레스키의 건축 계획을 짐작할 수가 없었다. 곧이어 기베르티는 자리에서 물러난다. 브루넬레스키의 멋진 복수가 성공했다.

사실 피렌체 대성당보다 앞서 지어진 건축물 중에는 이보다 더 높은 것들이 많다. 그 비밀은 플라잉 버트레스(공중부벽)다. 무게를 분산시키기 위해 높은 건축물 옆으로 축대를 대는 것이다. 사방에서 받쳐주는 공중부벽으로 무게를 분산시키면 높게 건축물을 올릴 수 있다. 파리의 노트르담 대성당과 쾰른 성당이 이렇게 지어졌다. 이런 양식을 '고딕'이라고 하는데, 이탈리아 사람들은 끔찍이 싫어했다. 수학적으로 비례에 맞춰 정갈하게 짓지 않고 버팀대가 여기저기 삐죽삐죽 튀어나온 건물은 야만스럽다고 여겼다. 예전 로마를 침입했던 야만족 '고트족(Goth)'이나 사용하는 것이라는 경멸을 담아 고딕(Gothic)이라고 이름 붙였을 정도다. 이탈리아 제1의 도시 피렌체에서 고딕 양식으로 건물을 짓는다는 것은 자존심이 허락하지 않았다.

르네상스 양식으로 바닥에서 51미터 높이에 지름 43미터의 돔을 세운다는 것은 불가능에 가까웠다. 지금처럼 철근과 크레인이 없는 상태에서 비계(공사를 진행하기 위해 설치하는 임시 가설물, 버팀대)를 놓는 것은 매우 어려웠다. 작업하는 동안 비계가 과연 돔의 무거운 하중을 지탱해줄 수 있을지도 불확실했다. 어떤 기술자는 성당 안에 흙을 가득 채운 후 돔 작업을 하자고 제안했다. 흙 속에 동전을 많이 넣어두면 지붕이 완성됐을 때 너도 나도 흙을 퍼갈 테니 치우는 것도 문제없다고 했다. 이런 황당한 의견이 나올 만큼 돔 공사는 초미의 관심사로 떠올랐다. 모두가 브루넬레스키에 주목한 것은 당연했다.

브루넬레스키는 우선 설계도에 수치를 기입했다. 그전까지 설계자는 대략적인 윤곽만 그리고 세부적인 작업은 숙련된 인부들의 감에 의존하는 경우가 많았다. 구조 역학이 발달하지 않았을 때인지라 건물이 무너지는 일이 발생하기도 했다. 아울러 오늘날의 크레인이라고 할 수 있는 '카스텔로(castello)'를 개발했다. 소 한 마리 힘으로 작동하는 이 기계 장치 덕분에 높은 곳에서의 공사가 한결 수월해졌다.

브루넬레스키가 고안한 피렌체 대성당 돔의 핵심은 '이중 돔'이다. 안쪽과 바깥쪽 이중으로 돔을 세웠다. 그 사이 빈 공간은 돔의 무게를 획기적으로 줄여주었으며 무게를 지탱하는 뼈대를 넣을 수 있었다. 또한 대리석 등 석재를 사용하지 않고 약 4백만 개의 벽돌을 사용했다. 벽돌을 일반적으로 반듯하게 쌓아올리면 기울기 때문에 위로 올라가면서 무너질 수밖에 없다. 그래서 '헤링본(herringbone) 패턴'으로 쌓았다. '청어 뼈'라는 뜻으로 사선 모양의 지그재그로 벽돌을 얹었다. 이렇게 벽돌을 쌓으면 매우 견고할 뿐만 아니라 위로 갈수록 좁아지도록 쌓는 것이 가능해 벽돌의 추락을 막았다. 이처럼 한 사람의 천재

산조반니 세례당의 동문(위)과 북문(아래)

적 발상으로 피렌체 대성당 돔이 완성되었다. 돔 제작에는 13년이 소요됐으며, 성당이 착공한 해로부터 따지면 140년이 걸렸다.

그러면 또 다른 조각 천재 기베르티는 그동안 무엇을 했을까? 1401년 공모전에 당선된 후 21년에 걸쳐 동쪽 문 청동 부조를 완성했다. 동문을 완성시킨 뒤 기베르티는 피렌체에서 가장 유명한 예술가로 등극한다. 그래서 다시 북쪽 문 청동 부조를 의뢰받아 무려 27년 만에 완성시킨다. 이때 완성한 북쪽 문이 이전에 제작한 주문(主門)인 동쪽 문보다 훨씬 아름다워 두 문을 교체했다. 뒤에 제작된 동문을 본 미켈란젤로는 "천국에 문이 있다면 바로 이와 같을 것"이라는 찬사를 보냈다. 이때부터 동문은 '천국의 문'이라는 별칭으로 불리고 있다.

지금 피렌체 국립 바르젤로 박물관에 가면 1401년, 기베르티와 브루넬레스키가 공모전에 출품했던 작품이 나란히 전시돼 있다. 두 청동 부조를 보면 역시 조각은 기베르티 것이 나아 보인다. 기베르티의 작품은 입체감에 한계가 있는 부조임에도 원근법과 단축법이 훨씬 잘 드러난다. 전체적인 구성도 주제를 향해 매끄럽게 이어진다. 이삭의 몸매도 현실감 있는 근육으로 표현했다. 또한 기베르티는 청동 주물을 단 한 번에 주조했고 브루넬레스키는 여러 개를 주조해 접합했다. 브루넬레스키는 청동을 34킬로그램 사용했고 기베르티는 27킬로그램을 썼다. 총 20개 패널을 넣어야 하는 문에 비싼 청동을 아낄 수 있어 기베르티의 손을 들어주었다는 이야기도 있다.

1401년 피렌체에서 열린 공모전은 결과적으로 최선의 결과를 낳았다. 신의 선택이라고 할 수 있다. 브루넬레스키와 기베르티를 각각 건축과 조각 분야로 나눠 피렌체가 자랑하는 최고의 예술 작품을 탄생하게끔 한 것이다.

한 가지 더. 별것 아닌 것 같지만 아무도 생각하지 못한 아이디어를 제시하는 것을 흔히 '콜럼버스의 달걀'에 비유한다. 사실 이 내용은 앞서 말한 바사리의 책 〈브루넬레스키 편〉에 나오는 이야기다. 콜럼버스가 항해를 떠나기 반세기 전이다. 돔을 어떻게 얹을 수 있을지 전문가들과 설전을 벌이던 브루넬레스키가 달걀을 깨뜨리며 한 말이다. "지금은 아무도 이해 못하겠지만 방법을 알려주면 누구나 수긍할 것!"

서양 미술사 이야기 2

르네상스,
드디어 예술가가 나타나다

1095년, 교황이 이슬람교 영토에 있던 성지(聖地) 예루살렘 수복을 위해 십자군 전쟁을 선언한다. 약 2백 년간 총 8차례의 원정이 있었지만 첫 번째를 제외하고는 아무런 성과가 없었다. 다만 이 십자군 원정은 당시까지는 유럽에 앞서 있던 동방의 과학 기술과 문화가 서방으로 전파되는 계기가 되었다. 화약, 나침반, 종이, 수학, 의학이 전래되면서 암흑의 시대를 살고 있던 중세 유럽을 크게 변모시켰다. 그중에서도 학문의 도입이 결정적이었다. 기독교적이지 않은 학문을 철저히 배격했던 서유럽과는 달리 동로마와 이슬람에서는 종교와 신앙에 예속되지 않은 학문적인 연구가 활발했다.

특히 동로마와 이슬람 지역에서는 찬란했던 그리스 문명의 정신적

사상이 책을 통해 이어오고 있었다. 소크라테스와 플라톤, 아리스토텔레스를 이교도라 배척하지 않고 그들의 철학을 연구했다. 이러한 학문적 성과가 십자군 원정을 통해 서유럽으로 영입되었다. 르네상스가 탄생한 밑바탕이다. 르네상스(renaissance)라는 말은 훗날 프랑스어로 붙인 이름인데, 16세기 이탈리아의 저술가 조르조 바사리의 책에 나온 '재생(rinascita)'이란 말에서 시작되었다. 중세 신본주의(神本主義)에 앞섰던 그리스·로마 시대의 인본주의(人本主義)를 재생한다는 의미다. 즉 인간 중심 사상의 구현이다. 르네상스 시대에는 지식의 바탕 위에 인간의 이성적이고 합리적인 사고로 세상을 바라보려는 노력이 이어졌다. 서양이 천 년 동안의 긴 잠에서 깨어났다.

르네상스가 처음 시작된 곳은 이탈리아 피렌체다. 피렌체는 상인들의 도시 국가다. 물론 종교적 신앙심이야 다른 유럽과 크게 다르지 않았겠지만 그에 못지않게 이들에게 중요한 것이 경제 활동이었다. 따라서 교황과 성직자에게 절대적인 충성을 다했던 이탈리아 다른 지역과는 달랐다. 피렌체는 시민 대표들로 운영되는 공화제 국가였다. 때문에 그들의 이익을 가장 잘 대변해주는 대표를 뽑았지만, 실제적으로 가장 큰 힘을 발휘한 존재는 메디치(Medici) 가문이었다. 전 유럽의 은행을 장악하고 있는 상인 집안이다. 메디치 사람들은 음모와 모략에 뛰어났지만 절대로 전면에 나서지 않았다. 시민의 대표나 국가수반 자리에는 오르지 않고 '실질적 통치'만 했다. 이 때문에 교황과 왕

코지모 메디치 초상화

권 국가의 견제를 덜 받았다. 메디치가는 대대로 모은 재산을 피렌체와 시민들에게 아낌없이 베풀었다. 지금도 남아 있는 피렌체 시내의 교회, 박물관 등 문화유산은 메디치가의 지원에서 비롯되었다.

14세기부터 약 400년을 이어온 메디치 가문에서 가장 빛나는 인물은 코지모 메디치(Cosimo Medici, 1389~1464)다. 코지모는 학문을 장려하고 예술을 후원했다. 인쇄술이 막 시작된 당시에 값 비싼 책을 어마어마하게 수집해 도서관을 만들어 지식의 확산과 재창조에 기여했다. 코지모는 '플라톤 아카데미'라는 연구 기관을 창설했고 많은 지식인들을 피렌체로 모았다. 이들은 플라톤의 '이데아' 개념을 기독교 사상과 접목했다. '신플라톤주의'다. 덕분에 이교도를 연구한다는 교회의 의심을 피할 수 있었다. 르네상스의 사상적 토대가 구축된 것이다.

레오나르도 다빈치와 미켈란젤로, 라파엘로를 흔히 르네상스 3대 천재라고 한다. 이들은 피렌체에서 같은 시기에 교육을 받았다. 이 외에도 《건축론》, 《조각론》, 《회화론》을 써 르네상스의 이념적 규범을 정리한 레온 바티스타 알베르티(Leon Battista Alberti, 1404~1472), 원근법을 창시한 르네상스 건축의 창시자 필리포 브루넬레스키, 중세를 젖히고 조각의 방향을 바꾸어놓은 위대한 조각가 도나텔로(Donatello, 1386~1466), 최초의 르네상스 그림 〈성삼위일체〉를 그린 마사초는 르네상스를 대표하는 예술가다. 역시 피렌체 사람들로 거의 동시대 사람들이다. 이들이 동시대에 살았다는 점을 확률상의 기적이라고 얘기하기도 한다. 이들은 메디치가가 일구어놓은 토대 아래 교육을 받았으며 막대한 후원을 받았다는 공통점을 가지고 있다. 또한 이들에서부터 중세 장인에서 벗어나 자기만의 창조적인 작품 세계를 펼치는 예술가가 시작되었다. 드디어 작품과 함께, 그것을 만든 예술가의 이름이 알려지게 되었다.

피렌체에서 시작한 르네상스 양식의 특징은 '현실 재현'이다. 실제의 삶에서 보이는 것들을 벽과 캔버스 혹은 조각으로 똑같이 '복사'하는 것이다. 이를 위해 원근법과 단축법, 명암과 해부학 연구가 예술가들에게는 필수였다. '색은 스케치의 시녀'라는 원칙 아래 철저하게 형상을 묘사하는 것에 주안점을 두었다. 피렌체부터 시작한 이런 양식이 정밀한 세부 묘사로 발전한 것이 알프스 이북 지방의 르네상스다. '북구의 레오나르도'라 불린 독일의 알브레히트 뒤러와 유화의 창시자로 알려져 있는 플랑드르의 얀 반 에이크(Jan van Eyck, 1395?~1441), 독일에서 태어나 영국으로 귀화해 많은 초상화를 남긴 한스 홀바인(Hans Holbein, 1497?~1543)의 그림은 놀라운 정밀성을 보여준다.

페데리코 2세 곤차가 2세의 초상
Portrait of Federico II Gonzaga by VecellioTiziano, c. 1529

반면 베네치아에서는 스케치 중심의 회화에 반발해 다채로운 색의 향연을 보여준다. 빛나는 색채감을 도입해 베네치아 화파를 정립한 벨리니 3부자(父子)의 둘째 아들 조반니 벨리니(Giovanni Bellini, 1430?~1516)와 당시 황제에게도 존경받았으며 20세기 피카소가 최고의 화가라고 여겼던 베첼리 티치아노(Vecelli Tiziano, 1488?~1576)가 베네치아 르네상스를 대표하는 예술가다. 다양한 채색 덕분에 정적이지 않고 활기찬 베네치아 르네상스 회화의 특징은 훗날 바로크 태동의 바탕이 된다.

예수,
나폴레옹 군대에
총 맞아 죽다

〈1808년 5월 3일〉을 그린
고야 이야기

프란시스코 고야
Francisco de Goya, 1746~1828

파리 루브르 박물관, 런던 내셔널 갤러리와 더불어 세계 3대 미술관으로 손꼽히는 스페인 마드리드에 있는 프라도 박물관의 대표적인 작품은 〈1808년 5월 3일〉이다. 무기도 없는 맨손의 민중들을 향해 오른쪽의 군사들이 총을 겨누고 있다. 이미 총에 맞아 쓰러져 피 흘리고 있는 사람들이 바닥에 있다. 차례를 기다리는 것인지 공포에 질려 비참한 모습으로 얼굴을 가리고 있는 사람들도 보인다. 전체적으로 분위기가 칙칙하다. 어둠 속의 작은 등불 하나 때문에 누가 누구인지 겨우 분간할 정도다. 그럼에도 좌측의 한 인물이 유난히 빛난다. 하얀 옷과 노란색 바지 때문인지는 몰라도 관람객의 눈길은 모두 그 남자에게 집중된다. 두 팔을 활짝 벌린 남자. 쏠 테면 쏴보라는 몸짓일까? 아니면 나는 아무런 무기도 없으니 살려달라는 것일까?

가로 3m가 넘는 작품이니 가까이서 보면 세부를 볼 수 있다. 이 하얀 옷의 남자 오른손이 매끄럽지 않다. 상처인지 검은색으로 움푹 패여 있다. 무표정한 이 사람의 포즈는 언뜻 십자가에 매달린 예수의 모습과 닮았다. 오른손의 상처는 예수가 못 박히고 창에 찔렸을 때 생겼다는 다섯 가지 상처 오상(五傷) 중 하나가 아닐까.

이 그림은 프란시스코 고야(Francisco de Goya, 1746~1828)의 작품이

■ **1808년 5월 3일** The Third of May 1808 by Francisco de Goya, 1814

고야의 젊은 시절 그림들

다. 고야는 로코코 양식에서 낭만주의에 이르는 시기를 살다 간 스페인 화가다. 실제로 그의 예술 세계는 매우 상반된 이 두 양식이 혼재되어 있다.

젊은 시절에는 출세를 지향해 각고의 노력 끝에 화가로서는 최고의 자리인 스페인 궁정 화가가 됐다. 귀족들의 삶과 초상화를 화려하게 표현한 작품들이 대부분이었다. 로코코 화풍의 전형을 잘 보여준다. 그러나 1800년, 새로운 세기를 맞이할 즈음 그의 예술 표현 방식은 급격하게 바뀌었다. 청력을 잃기 시작하면서 남들과 교류하지 않고 자신만의 세계로 빠져들었다. 이와 더불어 고야의 삶을 바꾼 또 하나의 중요한 사건이 일어난다.

1789년 프랑스 혁명으로 왕조를 무너뜨린 프랑스는 공화국 체제로 들어섰다. 혼란 가운데 정권을 잡은 나폴레옹은 다른 국가를 정복하며 전제주의 왕권을 무너뜨렸다. 혁명의 씨앗을 곳곳에 뿌리기 위해 전 유럽과 전쟁을 치렀다. 승승장구하던 나폴레옹은 넬슨이 이끄는 영국 함대에게 패해 세동이 걸렸다. 나폴레옹은 영국 본토 상륙을 포기하는 대신 대륙 봉쇄령을 내렸다. 무역 국가 영국의 교류를 막아서 장기간 포위하는 전략이다. 1806년 11월에 내려진 이 명령은 전 유럽에 공포되었다. 이때 포르투갈이 영국의 상품을 밀수입한다는 소식이 나폴레옹 귀에 들어갔다. 자기 말을 듣지 않는 포르투갈에게 본보기를 보여줘야 했다.

1807년, 나폴레옹은 포르투갈 진군 명령을 내렸다. 프랑스에서 포르투갈에 가려면 피레네산맥을 넘어 스페인을 지나야 했다. 당시 스페인은 국왕 카를로스 4세를 비롯한 귀족들의 무능과 부패로 가난과 무지 속에 피폐했다. 민중들은 새로운 세상을 바랐다. 희망이 필요했다. 왕과 귀족들을 무너뜨린 프랑스가 그들의 롤 모델이었다. 군대를 이끌고 전 유럽에 자유와 평등, 박애를 퍼뜨리는 나폴레옹을 구원자라 생각했다. 스페인에 당도한 프랑스군을 열렬히 환영했다.

스페인 민중들은 순진했다. 나폴레옹은 또 다른 지배자였다. 포르투갈을 간단히 제압한 나폴레옹은 자신의 형을 스페인 국왕에 임명했다. 프랑스 점령군은 자신들에게 저항하는 스페인 사람들을 무자비하게 억눌렀다. 지배자만 바뀐 것이다. 물론 스페인 국민들만 속았던 것은 아니다. 베토벤조차 나폴레옹을 인류의 영웅이라고 생각해 자신의 교향곡을 '영웅'이라 이름 지어 헌정하려 했다는 사실은 잘 알려진 얘기다. 결국 '그도 역시 인간이었어.'라며 교향곡 표지에서 '영웅'이란 글자를 지웠다. 괴테도 마찬가지였다. 유럽의 많은 지식인들이 나폴레옹에 실망하고 분노했다.

1808년 5월 2일, 수도 마드리드에서 민중들은 프랑스군에 봉기했다. 무기도 변변찮고 훈련도 되지 않은 그들이 세계 최강 나폴레옹 군

■ **1808년 5월 2일** The Second of May 1808 by Francisco de Goya, 1814

대를 이길 수는 없었다. 다음 날인 5월 3일, 프랑스군은 봉기에 참여했던 민중 300여 명을 색출해 학살을 자행했다. 멀리서 지켜봤는지, 듣기만 했는지, 여하간 고야는 이때를 기록했다. 참상의 그날부터 바로 그림으로 옮겼던 것은 아니다. 6년간 이어진 프랑스의 스페인 점령이 끝나고 스페인 국왕이 복귀했을 때, 과거의 기억을 생생히 떠올리며 대작을 완성했다. 이것이 고야의 대표작이라 할 수 있는 〈1808년 5월 2일〉과 〈1808년 5월 3일〉이다.

영웅과 구원자라고 믿었던 나폴레옹으로부터 배신당한 스페인 민중을 위해 고야는 다른 주인공을 내세웠다. 인류를 구원하고자 이 땅에 내려왔지만 십자가에서 희생된 예수처럼, 아무 이름 없고 **평범했**지만 침략자에 대항하다가 처형된 민중을 구원자로 대변했다. 실제로 스페인 민중은 나폴레옹 군대에 맞섰다. 절대적으로 힘이 약했기 때문에 나라 곳곳에서 소규모로 무장 저항을 했다. 스페인어 '전투', 즉 게릴라전이 여기서 비롯되었다. 예수가 그랬던 것처럼, 무고하게 희생된 힘없는 스페인 민중이 결국은 나라를 구한 영웅이었음을 그림으로 표현한 것이다.

이 그림 외에도 고야는 프랑스군의 만행에 희생된 민중을 연작 판화로 제작했다. 전쟁과 살육의 공포, 처참한 그들의 삶이 고야를 통해서 아직도 기억되고 있는 것이다. 이러한 작품들을 만들면서 고야는 철저히 사람들의 감정을 담아냈다. 당시 고야는 베토벤처럼 귓병에 걸렸다. 결국 아무것도 들리지 않는 삶 속에서 자기가 느끼고 생각하는 어두운 세계를 그림으로 그렸다. 여기에서 비로소 낭만주의가 시작된 것이다.

고야의 위대한 작품 〈1808년 5월 3일〉은 이후 많은 화가들의 귀감이 되었다. 사진처럼 있는 그대로를 그리는 것이 아니라 그 안에 화가의 감정을 담기 시작했다. 그림으로 전달하는 '전쟁의 참혹함'이란 메시지도 이어졌다.

고야를 존경했던 프랑스 화가 에두아르 마네(Édouard Manet, 1832~1883)는 〈막시밀리안 황제의 처형〉이라는 작품으로 고야를 오마주했다. 본인이 원하지 않았지만 프랑스 나폴레옹 3세(나폴레옹의 조카)에

■ 막시밀리안 황제의 처형 The Execution of Emperor Maximilian by Édouard Manet, 1868

의해 멕시코 황제를 떠맡았던 막시밀리안이 멕시코 군사들에게 처형된 사건을 그린 것이다. 배경이 밤에서 낮으로 바뀐 것을 빼고 고야의 작품과 매우 유사하다. 특이한 것은 실제로 막시밀리안을 죽인 멕시코 군인들 대신 프랑스 군복을 입은 사람들이 총을 쏘고 있다. 마네는 살육을 자행한 것은 프랑스와 나폴레옹 3세라고 은연중에 말하고 있는 것이다.

피카소의 〈한국에서의 학살〉 역시 고야의 그림에서 시작되었다. 민간인에게 총구를 겨누고 있는 군인들 중 일부는 등을 돌리고 있다. 더

불어 피카소는 그들의 모습을 사람이 아닌 마치 기계처럼 묘사했다. 격렬한 감정과 분노 없이 그저 입력된 명령에 따라 무고한 사람들을 학살하는 로봇의 행동 같다. 결국 이처럼 참혹한 현장을 고발한 그림은 이들을 조종하고 전쟁을 결정하는 보이지 않는 권력자를 비판한 것일 수 있다.

르네상스 대표작에
새겨 넣은
영원한 사랑의 표시

라파엘로의 〈아테네 학당〉에 숨겨진
로맨스

르네상스의 3대 천재 가운데 한 사람인 라파엘로(Raffaello Sanzio, 1483~1520). 우리나라에서 라파엘로는 레오나르도와 미켈란젤로만큼 유명하지는 않다. 그러나 서양 미술사에서 라파엘로는 르네상스 이후 모든 예술가로부터 '회화의 신'이자 그림 그리기의 교과서로 추앙받았다. 라파엘로가 이룩한 회화의 정점에 더 이상 보탤 것이 없어 탄식한 화가들은 그림 속 인물을 과장되게 늘어뜨리는 등의 변화를 모색하기도 했다. 아주 짧은 기간이었지만 서양 미술 사조에 '매너리즘'이리고 불린 시기가 있는데, 바로 이때다.

19세기, 라파엘로의 예쁘고 선명한 그림을 따라 그리는 것에 질린 영국 화가들은 '라파엘전파(Pre-Raphaelite Brotherhood)'를 결성했다. 라파엘로가 회화의 규범을 이룩하기 전으로 돌아가자는 취지였다. 바로크, 낭만주의 등이 '탈(脫) 라파엘로'를 선언했지만 여전히 각국 아카데미가 예술가들에게 내린 지침이자 모범 답안은 변하지 않았다. 이 주류가 전복된 것은 라파엘로 사후 400년이 지나 인상주의가 나오면서부터다.

라파엘로는 르네상스의 다른 천재들처럼 조각, 건축에는 손을 대지 않았다. 오로지 회화에만 전념했다. 한 우물을 판 덕분인지 그의 놀라

■ 성모자상 Pala Ansidei by Raffaello Sanzio, 1505

운 솜씨와 기교는 보는 이들의 탄성을 자아 낸다. 지금까지도 라파엘로가 예수와 성모 마리아를 그린 〈성모자상〉은 역사상 가장 아름답고 뛰어난 작품으로 평가된다.

라파엘로는 안타깝게도 37세에 숨을 거둔 다. 레오나르도가 67세, 미켈란젤로가 89세 까지 생존한 것에 비하면 너무나 짧은 삶이 었다. 그가 교황의 부름으로 로마에 갔을 때 가 1508년. 화려한 전성기를 누린 것은 불과 10여 년이다. 교황의 전폭적인 후원 아래 모 든 사람이 그를 우러렀다. 게다가 젊은 나이에 '꽃미남' 외모였다. 우 쭐하고 건방질 수도 있었다. 그러나 라파엘로는 성격마저 좋았다. 누 구에게나 고분고분하고 친절했다. 같이 로마에 불려와 있던 미켈란젤 로의 괴팍하고 강한 성격과도 너무나 비교되었다. 모든 것을 다 갖춘 라파엘로였으니 얼마나 총애를 받았을까. 유력한 추기경은 자기 조카 와 라파엘로를 맺어주려 했다. 라파엘로가 거절했을 리 없다. 하지만 몇 년을 차일피일 미루더니 덜컥 병이 나서 사망했다. 결국 총각으로 삶을 마감한 것이다.

사실 라파엘로에게는 사랑하는 연인이 있었다. '마르게리타'라는 이 름을 가진 아가씨로 보통 '라 포르나리나(La fornarina)'라고 불린다. 이 탈리아어로 '빵집 딸'이라는 의미다. 살아생전에는 발표하지 않았지

■ **라 포르나리나** La fornarina by Raffaello Sanzio, 1518-1519

만, 라파엘로는 마르게리타의 초상화를 그렸다. 반라의 초상화인데 당
시에는 신화 속 여신 외에 일반인을 이렇게 그리는 경우가 드물었다.
특히 그림 속 마르게리타가 팔에 차고 있는 장신구에는 선명하게 라
파엘로 자신의 이름을 새겨두었다. 그만큼 은밀한 사이였음을 알 수
있다. 라파엘로가 대놓고 거절을 못하는 성격이어서 추기경의 중매를
받아들였지만, 사랑하는 연인을 두고 차마 실행하지는 못했을 것이라
추정할 수 있다.

■ **아테네 학당** The School of Athens by Raffaello Sanzio, 1509

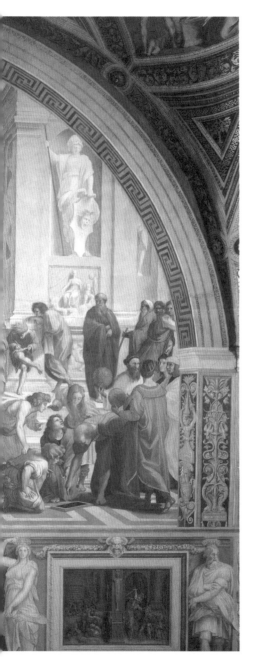

미켈란젤로가 성당 천장에 매달려 그림을 그리던 때 라파엘로는 〈아테네 학당〉에 몰두하고 있었다. 르네상스 회화의 대표작이라고 할 수 있는 이 프레스코화에는 그리스·로마 시대의 위대한 인물들이 그려져 있다. 그리스 철학의 태두라 할 수 있는 소크라테스를 비롯해 플라톤과 아리스토텔레스, 아르키메데스, 피타고라스, 유클리드 등의 철학자들 그리고 조로아스터, 알렉산더 대왕 등이 그림 속에 등장한다. 재미있는 사실은, 라파엘로가 이들을 실제로 볼 수 없었기에 당시의 유명한 사람들을 모델로 삼았다는 점이다. 주인공이라고 할 수 있는 플라톤은 레오나르도 다빈치로, 베드로 성당의 건축 책임자였던 브라만테는 수학자 유클리드가 되었다. 세상을 혐오해 은둔 생활을 했던 철학자 헤라클레이토스는 그 성격에 맞춰 미켈란젤로의 외모를 본떴다.

보통 화가들은 자신의 그림이나 조각에 이름을 새겨 넣는 경우가 많다. 르네상스 시대에는 주문자의 지시대로 그리는 경우가 대부분이었기 때문에 화가라도 작품에 함부로 자기 이름을 넣기 어려웠다. 그래서 작품 속 여러 인물 중 한 명에 자화상을 넣는 것이 유행했다. 라파엘로도 〈아테네 학당〉에 자기 얼굴을 그려 넣었다. 꽤 많은 인물들이 들어간 그림이니 쉽게 티가 나지도 않았을 터.

그림 오른쪽 아래 몸을 구부리고 컴퍼스를 돌리고 있는 수학자 유클리드 무리의 오른편에 이야기를 나누는 사람들 속에 검은 모자를 쓴 라파엘로의 모습이 보인다. 다른 인물들과 달리 유독 화면 밖, 그러니까 관람자를 응시하고 있다. 이런 어색한 시선을 하고 있는 사람이 한

명 더 있다. 왼쪽 아래에서 무언가 열심히 적고 있는 피타고라스 뒤에
선 하얀 옷을 입은 여인이다. 〈아테네 학당〉 인물 중 유일한 여성, 바
로 이집트의 수학자 히파티아다. 그렇다면 이 여인은 누구를 모델로
그렸을까? 라파엘로의 연인 마르게리타다. 남들에게 내보이지 못했던
자기의 여자를 최고의 지성들만 모아둔 그림 속에 자랑스럽게 한 자리
차지하게 했다. 그녀도 라파엘로처럼 화면 밖을 내다보고 있다. 이루
지 못한 사랑을 관람자들이 알아봤으면 하는 안타까움의 눈빛일까?

〈아테네 학당〉을 통해 라파엘로는 맺어질 수 없는 마르게리타와 영
원히 함께할 방법을 생각해냈다. 그림을 바라보는 관람자를 응시하는
두 사람. 이들을 안타깝게 바라보는 우리의 눈동자를 통해 그들은 서
로를 바라보고 있는 것이다.

라파엘로가 죽자 마르게리타는 수녀원에 들어갔고 이내 연인을 뒤
따른다.

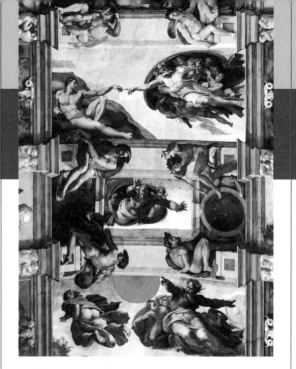

세계 최고의
권력자에게 대든
일개 장인

〈천정화〉와 〈최후의 심판〉을 그린
미켈란젤로 이야기

미켈란젤로
Michelangelo Buonarroti, 1475~1564

독일의 대문호 괴테는 "시스티나 성당을 보지 않고서는 사람이 할 수 있는 위대함이 어느 정도인지 평가할 수 없다."고 했다. 바로 미켈란젤로 부오나로티(Michelangelo Buonarroti, 1475~1564)가 그린 〈천정화〉와 〈최후의 심판〉을 보고 한 이야기다. 바티칸의 베드로 대성당보다 먼저 지어진 시스티나 성당은 현재 교황의 집무실이 있고, 교황을 선출하는 '콘클라베'가 열리는 곳으로 유명하다.

이 성당 내부는 벽과 천정이 그림으로 빼곡하다. 미켈란젤로는 천정과 서쪽 벽면을 그림으로 채웠다. 〈천정화〉는 그가 33살 때부터 4년간, 〈최후의 심판〉은 우리 나이로 환갑인 60세에 시작해 무려 6년을 매달린 프레스코화다.

보통 그림 사이즈는 가로, 세로 몇 센티미터라고 얘기하지만 이 작품들은 각각 약 160평, 66평 정도라고 얘기하면 훨씬 더 쉽게 이해할 수 있다. 우리가 사는 아파트의 몇 배나 되는 넓이에 그림을 그린 것이다. 단순히 캔버스에 그린 것이 아니다. 프레스코화다. 일단 하얀색 시멘트를 벽면에 바르고 마르기 전에 재빨리 물감을 입혀 같이 마르게 하는 기법이다. 그러다 보니 한 번에 작업할 수 있는 분량이 한정되어 있고 작업 순서와 시간에 치밀한 계산이 필요하다. 일단 한 번 그리면

베드로 대성당 꼭대기에서 내려다본 시스티나 성당

벽 자체가 되어버려 수정이 불가능하다. 특히 〈천정화〉의 경우는 20미터 높이에 있기 때문에 난이도가 훨씬 높았다.

　이런 대단한 그림들을 미켈란젤로는 혼자서 그렸다. 보통 큰 사이즈의 대작을 그릴 때는 여러 조수들과 함께 그리는 것이 서양 미술의 오랜 전통이었고 당시에도 그랬다. 화가가 스케치하면 벽에 밑그림을 그리거나 중요하지 않은 부분을 색칠하는 것은 조수와 제자들의 몫이었다. 그림에 대한 자부심이 얼마나 대단했기에 미켈란젤로는 그 대작을 혼자서 작업할 생각을 했을까? 놀랍지만 세계 최대 크기의 유화라는 〈천정화〉는 사실상 미켈란젤로의 첫 회화 작품이다.

■ 피에타 Pietà by Michelangelo Buonarroti, 1498-1499

처음에 제작 의뢰가 들어왔을 때 미켈란젤로는 의아했다. 당연히 거절했다. 그는 스스로를 '조각가'라고 굳게 믿고 있었다. 심지어 조각이 회화보다 우월하다고 선배인 레오나르도와 언쟁했던 그였다. "회화는 게으른 사람들이나 하는 짓"이라고 했던 미켈란젤로에게 그림이라니!

미켈란젤로가 로마에서 명성을 얻게 된 것은 조각 〈피에타〉 때문이다. 2,000년 전 그리스 조각을 되살려냈다는 어마어마한 찬사를 받았다. 심지어 무명의 20대 청년이 이런 작품을 만들 리 없다는 소문까지 돌았다. 르네상스 시대 예술가들의 삶과 작품을 기록한 조르조 바사리는 자신의 책 《르네상스 미술가 평전》에 다음과 같이 기록했다.

교황 율리우스 2세

이에 울컥한 미켈란젤로는 밤에 몰래 조각상에 자기 이름을 새겨 넣었다.

그만큼 젊은 조각가의 화려한 데뷔작이었다. 교황은 미켈란젤로의 실력을 높이 사 자신이 죽고 나면 묻힐 무덤의 장식 조각을 의뢰했다.

당시 교황은 율리우스 2세(Julius II, 1443~1513, 재위 1503~1513). 교황으로 선임되면 제일 먼저 하는 것이 속명(俗名)을 버리고 이름을 정하는 것이다. 각자의 성격과 지향점에 맞춰 짓게 된다. 보통 성경과 교회 역사 속 위대한 성인들의 행적을 닮고자 그들의 이름을 인용한다. 요한, 베드로, 바오로, 프란치스코 등이다. 그러나 속명 로베레는 엉뚱하게도 '율리우스'라는 이름을 골랐다. 율리우스는 카이사르(시저)의 이름이다. 기원전 50년경 유럽을 제패했던 로마의 장군. 교황이 재임하면서 꾸었던 원대한 계획은 교회의 지도 아래 전 유럽을 일치단결시킨 하나의 가톨릭 세계를 만드는 것이었다. 그 과정에서 복종하지 않는 국가는 카이사르가 그랬던 것처럼 무력을 통해서라노 굴복시키겠다는 의지였다. 실제로 그는 설교하는 시간보다 말을 타고 전장을 누빈 시간이 더 많았다는 얘기가 있다.

율리우스 카이사르의 동상

이런 절대적 권력을 가지고 있던 교황이 미켈란젤로에게 일을 맡긴 것이다. 단순한 무덤이 아니었다. 능묘(陵墓) 또는 마우솔레움(mausoleum)이라고도 하며, 신격화된 인물을 위해 거대하고 화려하게 장식한 묘다. 미켈란젤로는 신이 났다. 능묘 작업은 하루 이틀, 일이 년에 끝날 일이 아니다. 어쩌면 평생을 매달려야 할지도 모른다. 자기가 잘하고 좋아하는 조각을, 그것도 돈 걱정 없이 든든한 후원을 받으며 평생할 수 있다니. 바로 깊은 산 속 채석장으로 뛰어가 인부들과 몇 달 동안 조각에 쓸 대리석을 캐내 로마로 보냈다. 그런데 교황이 변덕을 부렸다. 가톨릭과 교황의 위엄을 높일 베드로 성당 신축을 시작한 것이다. 능묘 계획은 언제일지 모르는 훗날로 미루어졌다.

고향인 피렌체로 내려간 미켈란젤로에게 천정화 의뢰가 들어온 게 바로 이때였다. 마음을 바꾼 교황에게 화가 나 있기도 했거니와 회화는 상상도 못했다. 감히 교황의 부름에 응하지 않았다. 볼로냐 전장에 나섰던 교황이 피렌체에 들렀다. 놀란 것은 미켈란젤로보다 피렌체 사람들이었다. 불같은 성격의 교황이 격노한 것이다. 피렌체를 가만 두지 않겠다고 으름장을 놓았다. 자칫 공화국에 불똥이 튈지도 모를 위기였다. 피렌체의 지도자 피에르 소데리니(Pier Soderini, 1450~1522)는 겨우겨우 교황을 달랜 뒤 미켈란젤로를 로마로 보냈다.

그런 식으로 끌려왔으니 오죽 그림 그리기가 싫었을까. 그럼에도 미켈란젤로는 처음으로 그리는 그림에 4년 동안이나 매달려 어마어마한 작품을 기어코 완성했다. 그가 작업한 곳은 성당의 천정이다. 예배가 이루어지는 장소라 드나드는 사람들이 많았다. 미켈란젤로는 천정과 바닥 사이에 천을 치고 혼자서만 오르내리며 절대 다른 사람에게 작업하는 모습을 보여주지 않았다. 심지어 교황에게까지. 얼마나 궁금했을까? 교황은 화가 났다. "도대체 언제 완성되는 거냐!" 미켈란젤로의 대답이 걸작이다. "내가 완성했을 때!"

당시 화가는 예술가로 존경받는 직업이 아니었다. 주문자가 시키는 대로 따르는 한낱 장인에 지나지 않았다. 그런 천한 인물이 세계 최고의 권력자에게 버릇없이 대꾸한 것이다. 진실인지 알 수 없지만 바사리는 이 일로 교황이 미켈란젤로를 매질했다고 기록했다. 아마 그랬을 것이다. 아니 겨우 그 정도에 그친 것이 다행이다.

그래도 미켈란젤로는 바뀌지 않았다. 89세까지 장수했던 그는 타

협을 모르는 사나이였다. 그 상대가 교황일지라도. 그랬기에 자기만의 예술 세계를 창조할 수 있었고 위대한 작품을 남길 수 있었다. 다시 한 번 바사리의 기록에 따르면, 그때부터 미켈란젤로는 'il Divino Michelangelo', 즉 '신성한', '신과 같은' 미켈란젤로라고 불렸다고 한다. 교황 율리우스는 그림이 완성된 이듬해 선종했다.

죽을 만큼 싫었던 그림 작업을 마치고 미켈란젤로는 다시 조각에 몰두해 신이 빚은 형상 같은 아름답고 놀라운 작품들을 쏟아내기 시작했다. 그 사이에 교황이 네 번 바뀌었다. 1534년 교황에 오른 바오로 3세는 나이 예순의 미켈란젤로에게 다시 그림을 의뢰했다. 그것이 바로 그 유명한 〈최후의 심판〉. 평생을 조각가로 살기 원했던 미켈란젤로에게 교황들은 '그림 그리기'를 바란 것이다. 예전에 고생했던 기억을 떠올린 미켈란젤로는 당연히 거절했다. 그러나 "내가 교황이 되면 꼭 너에게 그림을 그리게 하고 싶었다."는 교황의 설득에 노구의 몸이 된 미켈란젤로는 다시 시스티나 성당으로 끌려갔다. 이번에는 무려 6년이었다.

총 10년 동안 미켈란젤로가 그린 〈천정화〉와 〈최후의 심판〉에는 약 800명의 인물이 들어가 있다. 사람이 취할 수 있는 거의 모든 동작과 포즈가 망라되어 있다. 해부학에 능했던 그였기에 인물들의 골격과 근육, 심지어 핏줄까지 빈틈없이 정확하게 표현했다. 그 이후 세상의 모든 화가들은 그림을 그리고자 할 때 시스티나 성당 속 인물을 골라 모사한 후 자기만의 색깔로 옷을 갈아입히면 완성할 수 있을 정도였다.

시스티나 성당의 〈천정화〉

평생 동안 미켈란젤로가 제대로 완성한 그림은 이 두 작품뿐이었다 할 수 있지만, 그것만으로 인류 역사상 최고의 미술가가 되었다. '신과 같은' 미켈란젤로라고 일컫기에 충분하다.

아버지와 딸이
같은 주제, 다른 표현으로
그린 그림

최초의 페미니스트 예술가
아르테미시아 젠틸레스키

아르테미시아 젠틸레스키
Artemisia Gentileschi, 1593~1651?

1985년 뉴욕에서 여성 미술가들이 '게릴라 걸스(Guerrilla Girls)'를 조
직해 시위를 했다. 미술관 작품 중에 여자의 누드화는 많은데 정작 여
성 작가는 드물다는 이유에서다. 많은 분야가 그랬지만 20세기 이전까
지 미술에서도 여성들의 활동은 제약이 많았다. 서양 미술사에서도 마
리 앙투아네트의 전속 초상화가였던 엘리자베스 비제르 브룅(Elizabeth
Louise Vigée-Le Brun, 1755~1842)과 인상주의 시대에 활약했던 메리 커
샛, 베르트 모리조(Berthe Morisot, 1841~1895) 까미유 끌로델(Camille
Claudel, 1864~1943) 외에는 두드러진 여성 예술가를 찾기 어렵다. 모두
19세기나 되어서야 나타났다. 이러한 가운데 17세기 초에 활약한 바
로크 화가 아르테미시아 젠틸레스키(Artemisia Gentileschi, 1593~1651?)
는 단연 돋보인다.

　그녀의 아버지는 이탈리아 피사 출신의 화가 오라치오 젠틸레스키
(Orazio Gentileschi, 1563~1639)다. 어려서부터 그림에 소질을 보였던 아
르테미시아는 아버지의 화실에서 수학했다. 당시 사회적인 분위기로
봤을 때 딸에게 그림을 가르쳤다는 것은 아르테미시아가 대단히 뛰
어난 능력이 있었음을 짐작할 수 있다. 그러나 그녀의 삶 17세에 불
행한 사건이 발생한다. 아버지와도 잘 알고 지내는 사이인 선배 화가

■ **수산나와 장로들**
Susanna and the Elders by Artemisia Gentileschi, 1610

아고스티노 타시(Agostino Tassi, 1578~1644)에게 성폭행을 당한 것이다. 아고스티노는 사건 후 아르테미시아와 결혼하겠다고 약속했지만 유부남이었던 그는 말을 바꾸었다. 아버지 오라치오는 그를 고소했다.

당시 분위기에 맞지 않게 당당하게 맞선 아르테미시아로 인해 이 일은 로마에서 큰 화제가 되었다. 오랜 기간 지속된 이 재판에서 피해자의 진실성을 검증한다는 목적으로 손톱 아래를 찌르는 고문이 행해지기도 했다. 급기야 아르테미시아가 처녀인지 밝히고자 했다. 처녀가 아니면 강간죄가 성립되지 않는다는 이유에서다. 이런 분위기에서도 아르테미시아는 끝까지 진실을 밝히기 위해 싸웠다. 결국 아고스티노는 로마 추방령을 받았다. 그러나 아르테미시아에게 돌아온 것은 없었다. 아고스티노는 다른 곳에서 보란 듯이 화가의 삶을 이어갔다. 유죄를 끌어냈지만 아르테미시아는 뭇 사람들에게 '조신하지 못한 여자'라고 낙인 찍혔다. 평생 상처를 가슴에 품고 살았다. 말 그대로 상처뿐인 승리였다.

이후 아르테미시아의 예술 세계는 가슴속 울분을 표출하는 무형의 공간이 되었다. 그녀의 작품 〈수산나와 장로들〉은 성경 다니엘서에 나오는 이야기를 옮긴 것이다. 요아킴의 아내 수산나는 자신에게 음욕을 품은 늙은 두 장로를 거부한다. 이들은 오히려 수산나를 간음죄로 고소했는데 다니엘의 지혜로 진실이 밝혀진다. 아르테미시아 자신의 이야기다.

〈다나에〉라는 작품이 있다. 손자에게 살해당할 것을 두려워한 부친에 의해 감금된 다나에에게 제우스가 접근해 동침한 후 그리스 영웅 페르세우스를 낳는다는 이야기다. 대부분의 화가는 제우스의 신비스런 능력과 영웅이 태어나기까지의 영묘한 동침 장면에 주목했다. 그러나 아르테미시아에게 제우스는 명백한 강간범이었다. 그녀가 그린 다나에는 설령 최고의 신이라 해도 제우스를 거부하며 자신을 보호하려는 포즈를 취하고 있다. 로마 시대 왕족에게 강간을 당한 뒤 죽음으로써 그 사실을 알려 민중 봉기를 일으켜 공화제를 이끌어냈던 루크레티아. 그녀의 이야기도 아르테미시아의 작품 목록에 포함되어 있다.

성경 66권에는 포함되지 않았지만 유대 민족의 역사를 담은 경전을 '외경(外經)'이라고 한다. 보통 15권 내외로 보고 있는데 그중에 《유디트》가 있다. 고대 아시리아가 이스라엘을 공격해 거의 멸망 직전까지 몰고 갔다. 조국의 위기를 구한 사람은 아름다운 과부 유디트였다. 그녀는 거짓으로 투항해 아시리아의 장수 홀로페르네스를 유혹하는 데 성공한다. 밤에 그와 단둘이 남아 술에 취하게 한 후 목을 베어 이스라엘로 돌아온다. 적장의 목을 보고 사기가 오른 이스라엘이 결국 전쟁에서 승리한다는 이야기다. 이 유디트의 이야기는 여러 화가들에게 영감을 주었다. 극적인 스토리 때문에 작가들의 상상의 나래가 여러 갈래로 펼쳐졌다.

■ **유디트와 홀로페르네스의 머리** Judith and the Head of Holofernes by Gustav Klimt, 1901

■ **홀로페르네스의 목을 들고 있는 유디트와 하녀** Judith and Her Maidservant with the Head of Holofernes by Orazio Gentileschi, 1621-1624

■ 홀로페르네스의 목을 치는 유디트 Judith Beheading Holofernes by Caravaggio, c. 1598-1599

■ 홀로페르네스의 목을 치는 유디트 Judith Beheading Holofernes by Artemisia Gentileschi, 1612

• 펼친 면 페이지의 좌측 상단부 터 시계 방향으로 각각 구스타 프 클림트, 카라바조, 아르테 미시아 그리고 아르테미시아 의 아버지인 오라치오 젠틸레 스키의 그림이다.

그림 속 유디트는 매우 아름답다. 당연하겠지만 어느 누가 주인공을 예쁘지 않게 표현하겠는가. 보티첼리도 그랬고 크라나흐, 카라바조, 루벤스도 그랬다. 가장 유명한 유디트 그림은 구스타프 클림트(Gustav Klimt, 1862~1918)의 작품이다. 그가 그린 유디트는 화려한 금박 속에 둘러싸인 아름답고 매혹적인 여인으로 묘사되어 있다. 그런데 과연 이렇게 예쁘고 연약한 여자가 어떻게 죽음을 각오하고 적진에 뛰어들었으며 엄청난 거구의 장수 목을 베어 왔을까 의문이 든다. 그러나 화가들에게는 사실성보다 '아름다움'이 더 중요했다. 일반적으로 그려지는 유디트는 홀로페르네스의 목을 자르기 전 주저하거나 참수를 하면서도 참혹함에 힘겨워한다. 그렇다면 아르테미시아의 유디트는?

그녀가 그린 유디트는 강인하다. 한 순간의 머뭇거림도 없다. 일말의 망설임 없이 목을 벤다. 유디트의 표정에서 공포는 찾아볼 수 없다. 단호하게, 그것이 정의라고 굳게 믿고 행하는 것처럼 보인다. 무엇보다 여느 유디트보다 아르테미시아의 유디트는 강해 보인다. 차라리 억세 보이기까지 한다. 주인공이기 때문에 아름답고 곱게 그리지 않았다. 마치 적장과 싸우는 여장부의 모습이라고 하는 쪽이 옳다. 뒤에 그린 아르테미시아의 자화상과 비교해보면 유디트는 그녀의 모습에 가깝다. 그렇다. 아르테미시아는 어린 시절 끔찍했던 과거에 머물러 고통에만 빠져 있는 것이 아니다. 아고스티노에게, 판사에게, 그를 손가락질한 사회에 거침없이 칼로 맞섰다. 자기가 제일 잘할 수 있는 그림을 통해서.

성녀 카타리나로 표현한 자화상(왼쪽)과 죽음으로써 복수를 이룬 루크레티아를 묘사한 그림(오른쪽)

딸이 믿었던 사람에게 강간당해 괴로웠을 아버지 오라치오조차도 이렇게 표현하지는 못했다. 오라치오의 〈유디트〉는 이미 그려진 다른 화가들의 작품과 다르지 않다. 아름다운 여성이 살인에 앞서 떨며 주저하는 바로 그 모습을 담았다. 오랜 기간 내려온 미술의 공식을 감히 깨뜨리지도 못했거니와 가족임에도 불구하고 그 역시 남자이고 제삼자일 수밖에 없다는 한계가 있다.

예술이란 자기가 경험한 감정을 글이나 그림, 음악 등을 통해 타인에게 전달하는 것이라고 톨스토이가 정의했다. 아르테미시아는 자기의 경험을 관람자에게 훌륭히 전달하는 데 성공했다. 400년 전 이 그림을 그리는 아르테미시아의 붓질 하나하나는 절대로 허투루 쓰이는 법이 없었을 것이다.

바로크의 위대한 화가 아르테미시아 젠틸레스키는 이 그림 외에도 수많은 작품을 남겼다. 거의 대부분이 여성이 주인공이다. 특히 강인하고 굳건한 의지를 지닌 여성을 표현했다. 역사상 최초의 페미니스트 예술가라고 추앙받는 이유다.

짝다리를 짚어야
아름다운
예술이 됩니다

서양 미술 속
자세에 얽힌 사연들

군대에 가면 이상한 것이 한두 가지가 아니지만, 그중에서 또 이해 못할 규칙이 하나 있었다. "짝다리하지 마라." 처음엔 그게 무슨 말인지도 몰랐다. 두 다리에 똑같이 체중을 싣지 않고 한쪽 다리에 더 힘을 실어 삐딱하게 서 있는 것을 말한다. 단정치 못하니 주머니에 손 넣지 말라고 하는 건 이해하겠는데 이런 금지 조항은 생소했다.

못하게 하니까 더 하고 싶었다. 야간 보초 첫날, 다들 잠들었을 때 바지 주머니에 손을 넣고 짝다리를 짚었다. 소심한 반발이었다. 그렇게 생활하다 보니 군대의 폐습이 머릿속에 새겨졌다. 짝다리한 자세는 버릇없고 단정치 않아 보인다.

아름다움을 추구하는 미술에서는 어떨까? 완전히 반대다. 짝다리의 발견은 미술의 혁신이고 미(美)의 극대화였다. 작가들은 자신이 그리고 조각하는 인물들에게 어떻게 해서든 짝다리 포즈를 부여했다. 어떻게 된 일일까?

아주 초창기 미술은 똑바르고 바른 자세의 인물을 그렸다. 어린 아이들의 그림처럼 두 다리는 똑같은 비율로 나타난다. 이집트 피라미드 속 인물 그림들과 고대 그리스 조각들이 그랬다. 매우 간결하고 정적인 자세다. 수천 년 동안 변하지 않았다.

고대 이집트의 조각상

그러다 기원전 5세기경에 변화가 일기 시작했다. 정확하게 좌우 대칭을 이룬 모습은 재미가 없었다. 조각에 변화를 주고 더 아름답게 표현하고 싶었다. 두 다리에 똑같이 실리던 무게를 한쪽으로 치우치게 했다. 데칼코마니 같던 온몸이 비대칭을 이루면서 뒤틀렸다. 훨씬 역동적이고 자연스러우며 자유로워 보였다. 미술에서 콘트라포스토(contraposto)가 탄생한 순간이다. 'contra'는 라틴어 '맞서다', '반대의'라는 뜻이다. 'posto'는 자리 또는 위치. 콘트라포스토는 좌우가 똑바르지 않다는 의미다.

아주 초기의 그리스 조각을 빼고 우리가 알고 있는 유명한 조각 작품들은 모두 콘트라포스토 기법이 적용되었다. 루브르 박물관에서 인기 있는 〈밀로의 비너스〉의 'S자형' 형태도 콘트라포스토 형식으로 조각했기 때문에 나올 수 있었다. 미켈란젤로의 대표작 〈다비드〉와 로댕의 〈청동 시대〉도 짝다리를 짚었기 때문에 역동적이고 자연스러운 형태를 갖추게 된 것이다. 서양 미술사에 등장하는 입상(立像) 인물 조각은 거의 100% 콘트라포스토 작품이다. 조각의 기본 원리라 할 만큼 중요한 기법이라 할 수 있다.

왼쪽부터 〈밀로의 비너스〉, 미켈란젤로의 〈다비드〉, 로댕의 〈청동 시대〉

콘트라포스토는 회화에서도 당연히 나타난다. 그림 속 인물은 뻣뻣하게 좌우 대칭으로 그리지 않았고 역동적인 실제의 모습처럼 보이기 위해 콘트라포스토 자세를 취한다. 전문 화가의 작품에서 다리 길이를 똑같은 비율로 그린 것은 없다. 그림에서도 거의 공식이라고 할 수 있다.

흥미로운 점이 있다. 서양 미술에는 기독교를 주제로 한 작품이 많은데 그중에서도 십자가에 매달린 예수가 단연 으뜸이다. 예수가 겪은 수난의 정점이자 부활을 예고하는 상징으로서 많은 화가와 조각가의 단골 소재였다. 그러면 예수가 십자가에 못 박혔다고 하는데 과연 못은 총 몇 개일까? 양손에 하나씩 두 개. 그리고 발에도 각각 못을 썼을까? 아니면 양발을 포개어 하나만 박았을까? 실물을 보지 못했고 이에 대한 기록이 없으니 알 수가 없다.

실제로 미술관과 박물관에 전시된 작품을 보면 제각각이다. 못을 3개 그린 회화도 있고 4개를 쓴 조각도 볼 수 있다. 정답은 없다. 그럼에도 발을 겹쳐 못 3개로 표현한 작품이 압도적으로 많다. 아무래도 못을 4개 썼을 때, 그러니까 양발이 각각 못 박힌 것으로 표현하면 양쪽 다리가 정확한 비율로 길게 늘어진다. 콘트라포스토에 위배된다. 물론 십자가 처형이라는 참혹한 장면이었지만, 작가들은 그 가운데서도 예수를 아름답게 표현하기 위해 콘트라포스토를 적용했고, 그러다 보니 예수의 다리를 비대칭으로 하기 위해서는 양발을 겹쳐 못 박은 형상을 만들었을 것이다.

초상화에서도 콘트라포스토가 나타난다. 상체 혹은 얼굴만 보이는데 짝다리라니. 천재 화가 레오나르도 다빈치는 초상화에 콘트라포스토 기법을 사용했다. 레오나르도의 대표작 〈모나리자〉에서였다. 고대부터 얼굴 묘사는 정면 혹은 프로필이라고 하는 완전한 옆모습이 전부였다. 옆모습은 얼굴의 윤곽을 보여주지만 인물의 정확한 모습을 알기 어렵다. 앞모습은 입체감이 없어 밋밋하다. 레오나르도는 초상화조차 살짝 비틀었다. 45도 각도, 이른바 '얼짱' 각도로 그렸다. 얼굴의 생생한 표정은 물론 입체감도 살아났다.

〈모나리자〉가 아름다운 이유는 여러 가지다. 화사하고 몽롱한 색채, 알 듯 모를 듯 미소 짓는 입 꼬리. 거기에 회화 사상 처음으로 시도한 콘트라포스토 기법까지 그 이유 중 하나일 것이다. 한 번도 접해보지 못했던 이런 시도에 당대 화가들은 열광하고 따랐다. 동시대 사람으로 레오나르도의 그림을 자주 접할 수 있었으며 '회화의 신'으로 추앙받았던 라파엘로 역시 이후 자신이 그린 초상화 속 인물을 이렇게 비틀었다. 콘트라포스토는 조각에서뿐 아니라 회화에서도 기본 원리가 되었다.

미술에서 콘트라포스토와 함께 자세를 일컫는 용어가 하나 더 있다. 바로 '베누스 푸디카(Venus Pudica)'다. '정숙한', '순결한'을 뜻하는 'pudica'와 그리스 여신 비너스를 합친 표현이다. 비너스의 조각상을 살펴보면 모두가 콘트라포스토 자세로 몸을 비튼 것 외에 두 손의 모양이 천편일률적이다. 한 손은 가슴을, 다른 손은 아래쪽 음부를 가리고 있다. 아무리 신이라고 하지만 예로부터 이러한 모습이 정숙하다고 여긴 모양이다. 적나라하게 드러낸 것보다 이렇게 살짝 가려주는 표현이 보는 사람에게 더 아름답게 보인다고 생각했을 수도 있다.

콘트라포스토와 마찬가지로 조각에서만 베누스 푸디카 자세를 취한 것은 아니다. 그림 속 비너스 역시 대부분이 이런 자세다. 르네상

■ **비너스의 탄생** Birth of Venus by Sandro Botticelli, c. 1485

■ **에덴동산에서 쫓겨나는 아담과 하와**
Expulsion from the Garden of Eden by Masaccio,
1426-1428, restored in 1980

스의 대표적인 화가 산드로 보티첼리(Sandro Botticelli, 1445?~1510)의 〈비너스의 탄생〉에서 비너스는 조각에서 보아왔던 그 자세 그대로 그려졌다. 괜히 나온 포즈가 아니다. 비너스뿐 아니다. 본격적인 르네상스 그림을 처음 그린 마사초의 〈에덴동산에서 쫓겨나는 아담과 하와〉에서 하와의 포즈도 그렇다. 물론 이 역시 후에 많은 화가들의 '모범답안'이 되었다.

예술의 천사는
딱
37년 동안만

미술의 천사,
음악의 천사

라파엘은 가브리엘, 마카엘과 함께 성경에 등장하는 대표적인 천사다. 천사 라파엘의 이름을 딴 수많은 예술가들 중 대표적인 인물이 라파엘로 산치오다. 그는 르네상스의 최전성기에 있었으며 오랫동안 서양 미술의 기준이 되었다. 그가 남긴 작품들을 보며 후배 화가들은 좌절했다. 더 이상 새롭게 보태고 창조할 것이 없었기 때문이다. 그만큼 당시 화가들의 눈에 라파엘로의 작품은 완벽함 그 자체였다. 하늘에서 미술의 아름다움을 모르는 인간들을 위해 천사가 내려와 한 수 가르쳐주었다고 생각할 정도였다. 라파엘로는 이른 나이인 37세에 생을 마감했다.

라파엘로의 작품을 접해온 화가들은 좌절만 할 수 없었다. 무언가 새로운 예술의 길을 찾아야 했다. 라파엘로가 죽으면서 르네상스가 끝나고 새로운 미술 사조가 잠시 나타난다. 이탈리아어로는 '마니에리스모(manierismo)'라고 하며 영어로는 매너리즘(mannerism)이다. 우리가 흔히 '매너리즘에 빠졌다'고 할 때의 바로 그 단어다. 독창성을 잃고 앞선 선배들의 고정된 수법에 약간의 변형을 주어 과장과 불안감을 나타낸 표현법이다. 이탈리아의 화가 파르미자니노(Parmigianino, 1503~1540)로부터 시작되었다. 그의 그림 〈목이 긴 성모〉는 마니에리스모의 전형적

■ 목이 긴 성모
Madonna and Child with Angels(Madonna with the Long Neck) by Parmigianino, 1534-1540

인 회화로 볼 수 있다. 파르미자니노는 37세에 사망했다.

짧은 기간의 마니에리스모가 끝나고 바로크 시대가 열린다. 1600년경 선보인 바로크 회화를 말할 때 가장 먼저 회자되는 사람은 미켈란젤로 다 카라바조. 인물과 배경 등의 형태를 잘 나타내기 위해 부수적으로 쓰였던 빛을 그림의 핵심으로 사용한 화가다. 주제를 부각시키기 위해 중심 되는 주제와 인물에 강렬한 빛을 비추어 그림에 활력과 생기를 불어 넣었다. 살아 움직이는 운동성과 화려함은 바로크의 특징이다. 회화는 물론 전 유럽의 건축과 조각을 200여 년 넘게 바로크 예술이 장악했다. 이 바로크 예술의 창시자 카라바조는 37세에 수명을 다했다.

바로크 예술 작품은 거대하고 화려하며 어마어마한 기교가 적용되었기 때문에 큰 교회나 왕궁 밖에서는 소유할 수 없었고, 그래서 지금도 그런 장소 이외에서는 찾아보기 힘들다. 귀족들에게도 마찬가지였다. 그러나 좋은 것은 따라 하기 마련.

■ **키테라섬으로의 순례** The Embarkation for Cythera by Antoine Watteau, 1717

프랑스 절대 군주 루이 14세가 즐긴 바로크 예술을 귀족들이 소박하게나마 흉내 냈다. 그들의 향락과 사치를 예술 작품으로 표현해 소유했다. 이것이 로코코 예술이다. 프랑스 화가 앙투안 와토(Antoine Watteau, 1684~1721)가 〈키테라섬으로의 순례〉를 발표하면서 시작되었다. 귀족들의 모습을 그린 전형적인 로코코 양식이다. 와토의 그림 이후 프랑스 화가 프랑수아 부셰(Francois Boucher, 1703~1770)와 장 오노레 프라고나르(Jean Honoré Fragonard, 1732~1806)로 로코코 미술이 이어진다. 지금 봐도 매혹적인 그림을 그렸던 와토는 37세의 짧은 나이에 운명했다.

로트레크와 그가 그린 공연 포스터들

로코코를 통해 드러난 화려한 귀족들의 삶은 1789년, 프랑스 대혁명과 함께 막을 내린다. 이후 예술 사조는 신고전주의와 낭만주의를 거쳐 사실주의와 인상주의에 이르게 된다. 이때부터는 하나의 기준에 따른 양식에 통일되는 것이 아니라 예술가들의 다양한 표현 방식에 따른 작품이 나타난다. 그중에 빼 놓을 수 없는 화가가 앙리 드 툴루즈 로트레크(Henri de Toulouse-Lautrec, 1864~1901)다. 영화 〈물랑루즈〉에도 나오는 저신장증 장애 화가다. 귀족 가문에서 태어났지만 그는 부모를 떠나 몽마르트 유곽과 술집을 전전하며 그림을 그렸다. 그의 장기는 판화다. 극장 공연 홍보를 위해 만든 포스터를 판화로 제작했다. 파리 시내에 그의 포스터가 붙으면 그 즉시 시민들이 떼어 갔다. 포스터를 예술의 경지에 이르게 했던 것이다. 지금 보면 상업 미술과 산업 디자인의 창시자라고 할 수 있는 로트레크는 37세에 생을 마감했다.

신이 인간에게 새로운 미술을 가르쳐주기 위해 보낸 천사의 수명은 딱 37년인가 보다.

19세기 말, 하늘나라에서 그림의 천사 한 명이 갑자기 사라졌다. 원래 하늘에서 보낸 천사는 딱 37년이라는 짧은 시간 동안 인간들과 함께 살지만 큰 축복 속에 생을 보낸다. 그 천사들의 솜씨에 인간들은 경탄하고 존경한다. 그런데 이번에 하늘나라에서 갑자기 사라진 천사는 어디로 갔는지 도무지 알 수 없었다. 그러니 축복을 내려줄 수도 없었다. 어디 이름 모를 곳에서 힘겨운 생활을 하는 것은 아닐지 하늘나라 미술의 신과 천사들은 걱정이 되었다.

하늘나라에서 종적을 감춘 그 천사는 원래 지상에 올 계획이 없었다. 어느 날 갑자기 땅에 뚝 떨어졌다. 하필 머리부터 떨어졌는지 평생 두통으로 고생했고, 뇌에 손상을 입었는지 자신이 그림의 천사라는 사실을 새까맣게 잊었다. 결국 타고난 운명대로 화가가 되었지만 그의 그림은 남들과는 달라도 너무 달랐다. 인간 세계에서는 한 번도 선보인 적이 없는 그림이었다. 이 화가는 창조적이었고 대단한 천재성을 지니고 있었음에도 죽는 날까지 그림에 자신이 없었다. 그는 고흐다. 하늘이 인간 세계에 마지막으로 내려준 그림의 천사. 그가 천사라는 증거가 있다. 그도 37세에 다시 천국으로 돌아갔다.

음악가들은 신에게 불평했다. '미술을 위해서는 천사들을 보내주시면서 음악의 천사는 보내주시지 않는가요?' 음악의 신이 들으니 수긍이 갔다. 그래서 인간 세계에 음악의 천사를 내려 보냈다. 하늘나라에서

볼프강 아마데우스 모차르트

펠릭스 멘델스존

만 들을 수 있는 음악을 지상에서도 울려 퍼지게 했다. 이전까지 한 번도 들어볼 수 없었던 음악이 볼프강 아마데우스 모차르트(Wolfgang Amadeus Mozart, 1756~1791)를 통해 인간 세계에 전해졌다.

하늘의 음악을 전해준 이 음악의 천사는 어렸을 때부터 평생 동안 칭송과 존경을 받았다. 그리고 하늘나라로 돌아갔다. 그런데 음악가들이 다시 불만을 토로했다. '아니, 음악의 신이시여, 미술 쪽을 보니까 천사들은 원래 37년간 지상에 머무르는 게 맞지 않습니까? 음악의 천사 모차르트는 37년에서 1년 가까이 모자란다고요!'

음악의 신은 아차 싶었다. 즉시 새로운 음악의 천사를 다시 보냈다. 모차르트와 버금가는 천재성과 더불어 어마어마한 명예와 부까지 새로운 천사에게 딸려 보냈다. 그는 태어나면서부터 큰 축복을 받은 행복한 음악가였다. 이름조차 '행복한(felix)'이 들어간다. 독일의 작곡가 펠릭스 멘델스존(Felix Mendelssohn-Bartholdy, 1809~1847)이다. 그는 모차르트의 몫까지 1년 보태 38세까지 음악의 천사 역할을 수행했다.

미술과 음악의 신은 천사만 지상에 내려 보내지 않았다. 직접 이 땅에 머물기도 했다. '미술의 신' 미켈란젤로 부오나로티와 '음악의 신' 루트비히 판 베토벤(Ludwig van Beethoven, 1770~1827)이다.

화려한 귀족 예술,
바로크와 로코코

바로크(Baroque)는 포르투갈어로 '찌그러진 진주'란 뜻이다. 앞선 르네상스에 비교해 기괴하고 정갈하지 못하다는 경멸에서 시작되었다. 원근법과 해부학을 그림과 조각에 적용해 '현실 세계 재현'에 초점을 맞춘 것이 르네상스다. 반면 바로크는 이성, 합리, 수학적 비례를 벗어나 작품에 감성을 넣은 것이 특징이다. 활기차게 동적이고, 생명력이 강하며, 앞뒤 서사적인 구조보다 바로 그 시점을 중요시한다. 르네상스가 세부와 세부로 나열된 것에 비해 바로크는 하나의 큰 주제가 있고 나머지 세부가 이를 보완한다. 이때 주제를 부각시키는 도구가 강렬한 빛, 하이라이트다.

1600년경 이탈리아의 미켈란젤로 다 카라바조가 바로크 화파를 창시했다. 혼란스럽고 어지럽다고 비판받았지만, 그림은 분명 살아 움직였다. 그림뿐 아니라 바로크 조각과 건축, 음악 역시 뭔가 어긋나 보이지만 화려하고 활기차다. 이후 로코코와 신고전주의 사조가 나오기까지 약 150년간 바로크 양식이 유럽 예술의 기본 규범이 되었다.

1517년 루터의 종교 개혁 이후 가톨릭은 거센 비판에 직면한다. 유럽은 신교와 구교로 나뉘어 분쟁과 전쟁이 이어졌다. 이후 알프스 이북은 신교 세력이 확장되었다. 로마를 중심으로 한 가톨릭 진영은 더이상의 이탈을 막고자 고심했다.

1545년부터 18년간 이탈리아 트렌트에서 종교 회의를 열어 대책을 논의했다. 면죄부 판매를 중지하는 등 각종 개혁 정책을 내놓았다. 이른바 반(反)종교 개혁이다. 예술 분야에 대한 토의도 있었다. 예술을 선교와 신앙 강화에 이용하는 것이다. 당시 대부분의 백성은 글을 모르기 때문에 그림과 조각 등을 미디어 도구로 활용했다. 교회에 들어섰을 때 휘황찬란하고 살아 움직이는 작품들을 보며 감동하게 했다. 위대한 신을, 성경을 읽으며 머리로만 생각하지 말고 가슴으로 느끼라는 것이다.

구교 세력이 굳건한 이탈리아와 스페인, 프랑스에서 바로크가 크게 유행했다. 특히 절대 군주의 상징이라 할 수 있는 '태양왕' 루이 14세(1638~1715)는 긴 재위 기간 동안 신을 찬미하는 예술을 자기한테도 돌렸다. 파리를 떠나 베르사유에 궁전을 지었다. 물론 화려한 바로크 양

이탈리아 베니스의 성 지오반니 파올로 성당의 로코코 양식으로 만든 천정화

식이다. 호화롭고 사치스러운 그림, 조각을 궁전 곳곳에 설치했고 밤마다 왕을 찬양하는 음악이 이어졌다. 많은 국가에서 루이 14세를 모방하면서 바로크 예술 양식이 유럽에 확산했다.

사실 로코코 양식은 바로크와 크게 다르지 않다. '작은 바로크', '프랑스 바로크', '퐁파두르 양식'이라고도 불린다. 루이 14세는 재위 기간만 자그마치 72년(1643~1715)이었다. 왕위를 물려준 루이 15세가 증손자일 정도로 오랫동안 자리에 머물렀다. 루이 14세는 원래 파리에 있던 궁전 사람들은 물론 전국의 유력 귀족들을 모두 베르사유에 불러 모았다. 약 3천 명이 함께 살았다.

화려한 궁전에서 호화로운 예술을 즐기면서 세대를 이어가며 수십 년을 살았는데 그 중심에 있던 왕이 운명했다. 드디어 베르사유에서 벗어난 귀족들은 파리를 비롯한 프랑스 각 지역으로 귀향했다. 그들이 보고 배운 것을 그곳에서 재현했다. 화려하고 사치스럽지만 그래도 루이 14세만큼 장엄하지는 않고 경쾌하며 밝다. 그러니까 왕보다 한 단계 낮은 수준으로 예술 양식을 이어간 것이 로코코다.

물론 베르사유에서 루이 15세는 증조할아버지만큼은 아니어도 화려한 생활을 이어갔다. 루이 15세의 재위 기간도 59년(1715~1774)으로 어마어마하다. 두 왕이 재임했던 120년에 달하는 시기가 프랑스 예술의 절정기였다. 루이 14세 때는 바로크, 루이 15세는 로코코로 보면 거의 맞다. 특히 루이 15세는 퐁파두르 부인(Madam Pompadour, 1721~1764)

이라는 정부(情夫)를 두었다. 평민이었지만 대단한 미모와 문화적 교양을 갖춘 퐁파두르는 예술가들을 가까이하면서 후원을 아끼지 않았다. 건축, 조각, 출판, 회화 등에 적지 않은 영향을 끼쳤다.

바로크의 대표적인 화가는 페테르 파울 루벤스(Peter Paul Rubens, 1577~1640)와 렘브란트 판 레인이다. 루벤스의 경우는 이성적이고 차분한 르네상스 회화에서 볼 수 없었던 역동성이 특히 두드러진다. 초상화가로도 유명했던 '빛의 마술사' 렘브란트는 빛을 이용한 명암을 자유자재로 사용했다. 스페인의 위대한 화가로 후대에 많은 영향을 끼친 디에고 벨라스케스(Diego Velázquez, 1599~1660)와 〈진주 귀걸이를 한 소녀〉로 유명한 요하네스 베르메르도 바로크 미술가로 빼놓을 수 없다. 또한 지안 로렌초 베르니니(Gian Lorenzo Bernini, 1598~1680)는 가톨릭의 본산 로마를 온갖 화려한 조각과 건축으로 장식했다.

유럽 성당에 들어가면 내부의 화려한 장식들을 볼 수 있다. 대부분 바로크 양식인데, 독일을 비롯한 북유럽에서는 찾아보기 힘들다. 신교의 사상을 바탕으로 지어진 교회에서는 반종교 개혁, 바로크 양식이 들어설 수 없었기 때문이다.

로코코 회화는 앙투안 와토의 〈키테라섬으로의 순례〉를 처음으로 본다. 아름다운 풍경화 안에 역시 로코코 양식에 따라 귀족들의 화려한 모습이 여기저기 보인다. 이후 프랑수아 부셰와 장 오노레 프라고나르, 베르사유에서 마리 앙투아네트를 비롯해 왕실 초상화를 많이 그

렸던 엘리자베스 비제르 브룅이 대표적인 로코코 화가들이다. 모두 프
랑스인이다.

어렵기만 한
현대 미술은
CIA 때문에?

현대 미술,
어떻게 보아야 할까?

칸딘스키
Wassily Kandinsky, 1866~1944

2016년 샌프란시스코 현대 미술관에서 카야탄이란 17세 소년이 일부러 바닥에 안경을 놓아보았다. 놀랍게도 미술관을 찾은 관람객들이 그 안경을 바라보며 골똘히 생각에 잠긴 채 감상했다. 심지어 바닥에 엎드려 사진을 찍기도 했다. 카야탄이 자신의 SNS에 올린 이 광경은 현대 미술을 조롱하는 예로 많이 인용되고 있다.

카야탄의 안경을 촬영하는 관람객

이런 일화를 통해 알 수 있듯이 대중은 작가와 평론가의 현혹에 얼마든지 넘어갈 수 있다. 이해하기 어려운 것을 전문가가 적당히 포장해주고 권위 있는 곳에 설치하면 그럴싸해 보이는 것이다. 가장 중요한 것은 관람자의 입장인데, 작품과 관람자 사이에는 보이지 않는 많은 벽이 존재한다. 조작되기도 한다. 이 때문에 미술 관람, 특히 언뜻 봐서 이해하기 힘든 현대 미술은 아예 포기하는 경우가 많다. '모르기' 때문에 '싫어'하게 된다. 그러나 다음의 '양심 있는' 작가와 평론가들의 코멘트는 현대 미술이 어렵기만 한 우리를 '안심'시킨다.

예술은 고급 사기. 대중을 얼떨떨하게 만드는 것이 예술

_백남준(1932~2006, 비디오 아티스트)

어렸을 때 좋은 그림과 나쁜 그림을 나누었던 터무니없는 자신감이 계속 이어졌다. 믿어주니까 평생을 그렇게 거짓을 얘기했다.

_케네스 클라크(Kenneth Clark, 1903~1983, 미술사학자, 내셔널갤러리 관장)

엉터리 시와 같은 제목으로 호기심을 자극하는 자들이 있다. 수수께끼 같은 그림은 상상의 빈곤과 기법의 상투성을 감추려고 시도하는 비예술적 위장이다.

_샤를 보들레르(Charles Baudelaire, 1821~1867, 시인, 예술 평론가)

미술 작품, 특히 20세기 현대 미술을 보다 보면 엉터리 같아 보인다. 이게 과연 예술이고 작품인가 싶다. 화가 치밀어 오르기도 한다. 평생 미술을 공부하고 경력을 쌓아온 작가가 정성들여 제작한 것인가 하는 의문이 들기도 한다. 현대 미술 이전 작품들은 형태가 명확해서 무엇을 그렸는지 파악할 수 있고 그림 배경과 스토리를 생각하며 감상할 수도 있다.

19세기 말 인상주의가 시작되면서 예술가들은 '객관화'를 거부했다. 보편적인 것보다는 작가 개인의 감정을 우선시했다. 표현하는 방식도 그들 '마음대로' 하기 시작했다. 바다와 하늘을 꼭 푸르게 그리려 하지

않았다. 그저 느낌대로. 고흐로부터 비롯된 표현주의 화가들은 이를 더 발전시켰고 드디어 추상화가 탄생한다.

보통 추상화의 창시자로 러시아의 대학 교수이자 화가인 바실리 칸딘스키(Wassily Kandinsky, 1866~1944)를 꼽는다. 그는 그림의 주제에서 가장 핵심적인 것만을 뽑아내 형상화했다. 자기가 느끼는 느낌대로다. 형태, 즉 스케치를 중요하게 여기지 않고 색과 구성만으로 아름다운 미술이 존재할 수 있다고 주장했다. 제목도 구체적이지 않다. '즉흥', '인상', '구성'으로 정하고 시리즈를 계속 이어나갔다. 작가의 의도를 알지 못하면 도무지 이해할 수 없는 상태에서 그림을 감상할 수밖에 없다.

현대 미술에서 가장 어려운 것이 해석이다. 그러나 추상 미술의 창시자 칸딘스키는 그에 반대한다. 해석은 필요 없고 그저 느끼기만 하면 된다는 것이다. 어쩌면 제목과 작가의 의도가 어긋날 수 있다. 꼭 제목과 평론가의 해설에 주목할 필요도 없다. 관람객의 입장으로 본인의 취향대로 감상하면 되는 것이다. 원시 동굴 속 주술적 문양과 이집트 피라미드 벽화 때부터 이어온 분명한 메시지 전달이 사라졌다.

추상 미술에서 모더니즘, 포스트모더니즘으로 이어지는 20세기 이후 미술은 점점 더 이런 방향으로 나아간다. '레디메이드(ready made)' 미술이라고, 이미 제작된 기성품을 미술관에 전시하는 일도 예술이 되었다. 망치로 기물을 파손하는 것도 퍼포먼스 예술이 되었고, 급기야 자기 손에 총을 쏘기도 했다. 이탈리아의 전위 예술가 피에르 만초니(Piero Manzoni, 1933~1963)가 제작한 통조림에는 자기의 배설물을 넣

■ **구성 6** Composition VI by Wassily Kandinsky, 1913

■ **구성 7** Composition VII by Wassily Kandinsky, 1913

었다. 〈예술가의 배설물〉이라고 명명한 이 '작품'은 90개가 제작돼 전 세계 미술관에 전시되고 있다. 경매에 나온 가격은 수억 원을 호가한다. 언뜻 보면 이해할 수 없는 일들이 벌어지고 있다. 정성들인 것처럼 보이지도 않고 아름답지도 않은데 미술과 예술이라니……. 이러한 작가와 관람자 사이의 괴리 때문에 '미술은 끝났다'라는 우려가 곳곳에서 들려온다.

오래전부터 끊임없이 제기됐던 의심으로 현대 미술에 대한 'CIA 개입설'을 들 수 있다. 폭로 인터뷰와 기사, 도서는 물론 관련 논문이 다수 발행되었다. 미국은 세계 대전을 겪으면서 세계 최강국에 올라섰다. 유럽에 비해 군사, 경제, 과학에서는 앞섰지만 문화적으로는 도무지 따라갈 수가 없었던 미국. 특히 공산주의 소련과 모든 분야에서 경쟁했던 냉전 체제에서 예술만 예외일 수는 없었다.

드디어 1950~60년대부터 추상 미술에 진력을 기울인다. 미국은 르네상스, 바로크, 인상주의 등 전통적인 예술품이 없기에 새로운 분야에 뛰어들었다. 현대 미술에서는 유럽과 대등하거나 압도했다는 자신감이 팽배했다. 그러기 위해서는 현대 미술의 가치를 꾸준히 높여야 했다. 여기에 미국 정부가 개입했고 중앙정보부(CIA)가 앞장섰다는 주장이다. 즉, CIA는 언론 등을 통해 미국 추상주의 화가들을 띄웠고 그들의 작품을 훌륭하다고 치켜세웠다. 심지어 경매에도 관여해 어마어마하게 높은 가격으로 낙찰받도록 했다. 세계 최고가를 연일 갱신하니 전 세계가 주목할 것은 당연할 터. 잭슨 폴록(Jackson Pollock, 1912~1956), 마크 로스코 (Mark Rothko, 1903~1970), 윌렘 드 쿠닝 (Willem de Kooning, 1904~1997), 사이 톰블리(Cy Twombly, 1928~2011) 등이 여기에 편승했다는 강한 의심을 받고 있다. 팝아트의 창시자 앤디 워홀(Andy Warhol, 1928~1987)도 미국이라는 배경이 있었기 때문에 그토록 유명해질 수 있었다. 이전에는 정치를 띄우기 위해 예술가들이 작품을 만들었다면 현대에서는 예술을 띄우기 위해 정치가 개입했다고 볼 수 있다.

현대 미술을 접할 때 많은 사람들이 "이건 뭐, 나도 그릴 수 있겠어.", "어린 아이가 장난으로 만든 거 아냐?" 이런 얘기를 하곤 한다. 맞다. 바로 그 두 가지가 포인트다.

첫 번째 '이렇게 그릴 수 있다'는 건, 보고 따라 그릴 수 있다는 것이다. 러시아의 절대주의 화가 카시미르 말레비치(Kasimir Malevich, 1878~1935)의 그림은 붓을 들 수 있으면 누구나 모사가 가능하다. 그냥 캔버스에 검은색만 채우면 된다. 그러나 말레비치가 어떠한 의도로 왜 이런 극단적인 그림을 그리게 됐는지 의미는 알 수 없을 것이다. 단순한 문양 그림으로 현대 산업디자인에 큰 영향을 주었던 피에트 몬드리안(Piet Mondrian, 1872~1944). 그의 그림도 따라 그리기 쉽다. 그러나 이런 생각을 '창조'한 것은 오로지 몬드리안뿐이다.

두 번째 '어린 아이의 징난'도 생각해볼 여지가 있다. '유치한' 그림의 대명사, 파블로 피카소(Pablo Picasso, 1881~1973)의 작품들. 초등학교 수채화 같은 그림만 그리던 라울 뒤피(Raoul Dufy, 1877~1953), 유아용 동

■ 태블로 I Tableau I by Piet Mondrian, 1921

■ **마크의 정원에 부는 바람** Föhn im Marc'schen Garten by Paul Klee, 1915

화 같은 작품을 그린 파울 클레(Paul Klee, 1879~1940). 이들은 '유치'하다는 평가를 듣기 위해 평생을 매진했던 작가들이다. 피카소가 얘기했다. "나는 이미 10대 때 라파엘로처럼 그렸다. 그리고 일생 동안 어린아이처럼 그리기 위해 노력했다." 맞는 말이다. 그가 16세에 그린 〈과학과 자비〉를 보면 피카소를 그림 못 그리는 화가라고 절대 말할 수 없다. 어려서 이미 사진처럼 정교한 사실화를 마스터한 피카소는 자신만의 예술 세계를 창조하는 것이 훨씬 중요했다. 현대에 와서 예술은 손기술보다는 창조적 아이디어라는 '머리 기술'이 앞서고 있는 것이다.

르네상스 회화의
창시자가 핼리 혜성을
발견했다고?

인간이 땅을 딛게 만든
르네상스 회화의 창시자 조토 이야기

조토 디 본도네
Giotto di Bondone, 1265~1337

서양 미술에서 작가의 이름이 언제 처음 나타났을까? 기원전 2600년경 이집트에서 피라미드를 세운 건축가이자 조각가 임호테프(Im-hotep), 고대 그리스의 피디아스(Phidias), 익티노스(Iktinos), 제욱시스(Zeuxis), 파라시오스(Parrhasios), 프락시텔레스(Praxiteles), 미론(Myron) 등이 있었다. 이들은 역사에 기록되어 있긴 하지만 너무 먼 옛날이라 신화 속 인물과도 같다.

고대 이후 미술가가 본격적으로 등장한 기록은 알리기에리 단테가 죽은 해에 완성한 《신곡》에서다. 단테의 《신곡》을 통해 인류는 암흑의 중세를 마감하고 이성의 시대 르네상스로 접어들게 된다. 이 대서사시에는 '영원할 것 같았던 치마부에의 명성도 조토에 의해 가려졌다.'라고 기록되어 있다. 두 사람을 언급했지만 결국은 조토가 본격적인 예술가의 이름으로 처음 서양 미술사에 등장한 것이다.

조토 디 본도네. 단테와 같은 이탈리아 피렌체 출신이다. 생소한 이름일 수 있으나 서양 미술사에서는 매우 중요한 위치를 차지하고 있다. 오랜 기간 '사실성'을 추구한 서양 미술의 뿌리가 조토로부터 비로소 시작되었기 때문이다.

모든 현실 세계는 3차원이다. 그 형태를 2차원인 벽과 캔버스에 재현할 때 관람자에게 실제처럼 보이도록 하는 것, 모든 화가들의 염원이자 숙제였다. 관람자를 염두에 두지 않고 오로지 신께 바치는 중세까지의 예술에서는 그럴 필요가 없었다. 인간에게 아름답게 보이고 싶고, 그를 통해 자신의 이름을 드높이고 싶었던 예술가들의 기교는 르네상스의 태동과 함께 꽃을 피우기 시작했다. 회화에서는 조토가 그 시도를 했다. 조토가 가두려고 했던 현실이 비로소 캔버스에서 자유롭게 벗어난 것은 19세기 말 프랑스 화가 폴 세잔(Paul Cezanne, 1839~1906) 때였으니, 서양 미술에서 조토의 영향력은 600년간 지대하게 이어진 셈이다.

조르조 바사리가 쓴 《르네상스 미술가 평전》에서도 조토는 중요하게 언급되었다. 양치기였던 조토가 땅바닥에 그린 그림을 보고 지나가던 치마부에(Cimabue, 1240?~1302?)가 제자로 거두었다는 일화가 소개된다. 스승의 작품에 그려놓은 파리를 진짜인 줄 알고 쫓으려 했다는 에피소드가 사실인지 확인할 길은 없지만, 어려서부터 조토가 뛰어난 그림 실력을 가지고 있었다는 점을 짐작하게 한다. 훗날 조토의 명성을 들은 교황이 그림을 의뢰하고자 수하를 보내 조토의 그림 실력을 알아보도록 했다. 조토는 자기 그림의 샘플 대신에 흰 종이에 붉은색 원 하나를 그려 보냈다. 반듯하고 정확한 원 하나만으로 그의 테크닉을 충분히 어필한 것이다. 지금도 뛰어나고 완벽한 일을 '조토의 원(Giotto's circle)'이라고 부른다.

1302년 이탈리아 북부 도시 파도바의 거부 스크로베니(Enrico Scroveg-

스크로베니 예배당의 내부와 외부

ni)는 예배당 건립에 큰돈을 기부했다. 《신곡》에서 지옥에 빠진 것으로 언급된 고리대금업자 부친의 속죄를 위한 것이다. 의뢰인이 부자였던 만큼 이 예배당은 매우 화려하다. 사방 벽면과 천정에까지 보석인 청금석을 으깨어 만든 색깔, 푸른빛 울트라마린이 아낌없이 쓰였다. 지금까지도 변함없이 영롱한 파란색은 관람자들을 천상의 세계로 인도한다. 바로 이곳, 스크로베니 예배당 전체에 그림을 그려 넣은 사람이 조토다. 무르익을 대로 익은 조토의 그림 실력은 비로소 이곳에서 정점을 찍는다. 2년의 작업 끝에 1305년 그림이 완성되었다. 미술에서도 드디어 르네상스가 열리는 순간이었다.

조토의 그림은 매우 사실적이고 현실적이다. 그림에서 수학적으로 정확하게 계산된 원근법이 들어간 그림은 1427년, 마사초의 〈성삼위일체〉부터다(127페이지의 그림 참조). 그러나 조토는 이보다 100여 년 앞서 그 이전에 누구도 생각하지 못했던 원근법을 구현하기 위해 노력했다. 가까운 것은 크게 보이고 먼 것은 작게 보이는 것이 당연했기 때문이다. 조토 이전의 그림에서는 '어떻게 보이는가'는 중요하지 않았다. 단지 '어떤 것이 그림에 들어가 있는가'면 충분했다.

조토는 원근법뿐 아니라 단축법도 시도했다. 어떤 인물과 인물 혹은 사물과 배경 사이의 거리에 따라 크기가 달라지는 것이 원근법이라면, 단축법은 하나의 피사체가 보이는 시점에 따라 크기가 달라 보이게 하는 방법이다. 누워 있는 사람을 발쪽에서 바라보면 신체 중 가장 큰 것은 당연히 발이고, 가장 작은 것은 머리가 되는 이치다. 마지막

■ 그리스도를 애도함
The Mourning of Christ by Giotto di Bondone, 1304-1306

으로 조토는 드디어 인간의 얼굴에 표정을 넣기 시작했다. 슬픔과 기쁨, 분노와 자비 등 인간이라면 누구나 가질 수 있는 감정을 그림에 표현했다.

스크로베니 예배당 프레스코화는 성모 마리아와 예수의 생애 이야기 약 40점으로 구성되어 있다. 무엇 하나 중요하지 않은 것이 없지만 그중 〈그리스도를 애도함〉이라고 알려진 작품이 가장 유명하다. 앞서 말한 조토가 시도했던 혁신을 모두 볼 수 있다. 사람들과 앞산, 뒷산 사이에는 원근법이 적용되어 입체감이 살아난다. 하늘의 천사들 일부는 단축법이 적용되어 어색하지 않게 실제로 하늘을 날고 있는 모습처럼 보인다. 그리고 십자가에서 내려진 예수를 바라보는 가족과 제자들의 표정. 그들에게서 비통함과 슬픔이 잘 드러난다. 오로지 하늘에게 받쳐진 중세의 그림을 넘어 인간에게 사실적으로 보이는 '르네상스 회화'를 너무나 잘 보여주고 있다. 한 미술 평론가는 "드디어 인간이 땅을 짚었다."라고 언급했다. 조토 이전의 그림에서는 허공에 둥둥 떠다니던 사람들이 땅에 발을 짚은 사실적인 묘사로 바뀌었기 때문이다.

스크로베니 예배당에는 놀라운 사실을 담은 조토의 그림이 하나 더

■ **동방 박사의 경배** Adoration of the Magi by Giotto di Bondone, 1304-1306

있다. 〈동방 박사의 경배〉다. 예수의 탄생을 축하하기 위해 동방 박사 세 사람이 베들레헴을 찾아왔다는 이야기다. 이 그림에서도 원근법은 물론 낙타를 쓰다듬는 청년의 모습이 매우 현실적이다. 성경에는 '우리가 동방에서 그의 별을 보고 그에게 경배하러 왔노라(마 2:2)' 라고 씌어 있다. 그런데 하늘에는 별이 없다. 대신 노랗고 붉은 커다란 불덩이가 그려져 있다. 별똥별이라고 하기에는 훨씬 크다. 혜성이다. 그중에서도 지상에서 또렷이 목격할 수 있을 만큼 가까이 오는 '핼리 혜성'이다.

영국의 천문학자 에드먼드 핼리(Edmund Halley, 1656~1742)가 발견한 이 혜성은 76.03년 주기로 지구에 근접한다. 그래서 계산해보면 1301년에 인류는 핼리 혜성을 목격했다. 많은 사람들은 하늘의 그 밝은 불빛이 예전 동방박사를 인도했던 신비스런 별이라고 생각했을 것이다. 아마 조토도 직접 혜성을 관찰했을 가능성이 크다. 스크로베니 예배당 작업을 시작하기 2년 전이었으니 그 기억을 되살려 〈동방 박사의 경배〉에 넣었다.

이 위대한 르네상스 회화의 창시자는 뜻밖에도 천문학에 중요하고도 위대한 기록마저 남겼다. 훗날 1986년 유럽 우주국(ESA)은 다시 지구를 찾은 핼리 혜성 탐사를 위해 우주 탐사선을 쏘아 올리는데, 그 이름이 '조토'다.

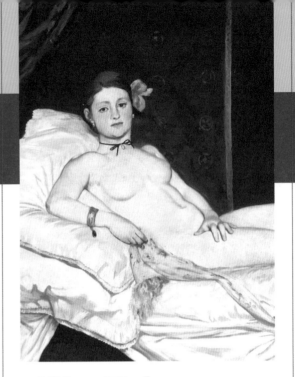

야한 그림 속
그녀가
내게 말을 건다면?

인상주의의 아버지
마네 이야기

마네
Édouard Manet, 1832~1883

1863년 비슷한 시기에 나란히 그려진 작품이 있다. 둘 다 프랑스 작가가 그렸고, 여인의 나체라는 소재도 같다. 두 작품은 지금도 오르세 미술관에 나란히 전시되어 있다. 그러나 한 작품은 그해 열린 국가 미술전 '살롱'에서 극찬을 받아 황제가 구입했고, 다른 하나는 격렬한 비난을 받아야만 했다. 알렉상드르 카바넬(Alexandre Cabanel, 1823~1889)의 〈비너스의 탄생〉과 에두아르 마네의 〈올랭피아〉다.

카바넬은 어려서부터 그림에 소질을 보여 국립 미술 학교인 에콜 데 보자르(Ecole des Beaux-Arts)를 졸업했다. 프랑스 예술원이 수여하는 최고 영예인 '로마 대상'을 수상했고 모교에서 평생 교수로 재직했다. 기성 미술계의 권위 집단인 아카데미의 기준에 매우 엄격했고 그에 맞춘 공식대로 그리고 가르쳤다. 반면 마네는 화가가 되는 것을 반대했던 법관 아버지 밑에서 자랐다. 우여곡절 끝에 그림을 시작했고 스스로 공부했지만 작품은 늘 외면받았다.

두 작품을 비교해보자. 둘 다 여인이 적나라한 나체로 누워 있다. 그렇지만 이 둘은 완전히 다르다. 제목에 모든 것이 들어 있다. 지금도 벗은 몸이 들어간 사진, 그림 등의 형상은 공공장소에서 금기시된다. 예전에는 훨씬 더했을 것이다. 그러나 못하게 하면 더 하고 싶은 게 인

■ **비너스의 탄생** The Birth of Venus by Alexandre Cabanel, 1863

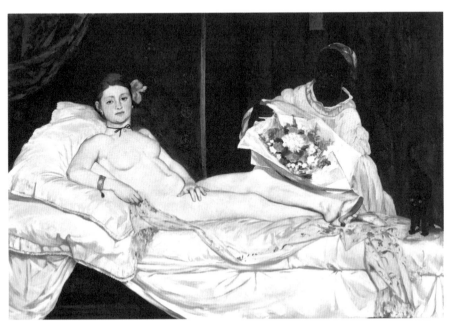

■ **올랭피아** Olympia by Édouard Manet, 1863

지상정이다. 지금처럼 미디어가 발달하지 않았고 복제가 힘들었으니 화가가 그린 나체만 겨우 볼 수 있을 뿐이다. 수요는 있었지만 그런 것을 원하는 대로 마구 그려주었다가는 화가로서 위신도 안 서고 혹 풍기문란으로 처벌될 수도 있었다.

방법을 모색했다. 그렇다. '여신'이다. 여자 사람이 아닌 신을 형상화하는 것이다. 신은 원래 옷을 갖춰 입지 않으니까. 헤라, 아테네, 아르테미스 그리고 수많은 님프와 요정들의 누드화가 유행했다. 그중에서도 가장 인기 있었던 모델은 역시 사랑과 미의 여신 비너스(그리스명 아프로디테)였다.

비너스의 탄생 설화가 재미있다. '시간의 신' 크로노스가 아버지 우라노스의 성기를 잘라 바다에 던지자 하얀 거품이 일었고 그 안에서 비너스가 태어났다. 바로 카바넬이 그림 속에 포착한 장면이다.

수천 년 동안 대중들과 함께 공유할 수 있는 '야한' 그림은 이런 것들밖에 없었다. 고귀한 왕족과 귀족들, 점잖은 신사들조차 그 앞에서 시간 가는 줄 모르고 그림을 탐닉했다. 아니, '감상'했다. 그러면서 일행과 신화를 얘기하며 지식을 뽐냈다. 관음증을 해결하면서 고상해 보이기까지 하니 일석이조다. 그러한 관례가 수천 년을 이어왔다.

그러나 마네가 그 판을 깨버렸다. 그림 속 여인은 여신이 아니다. '올랭피아'라니! 알렉상드르 뒤마(Alexandre Dumas, 1824~1895)의 소설 《춘희》에 나오는 매춘부 여주인공 아닌가. 모델은 또 어떻고. 파리의 유명한 모델인 빅토린 뫼랑(Victorine Meurand, 1844~1927)이다. 누군지 분명히 알 수 있는 여인의 나체를 화폭에 담은 것이다. 포즈도 가관이다. 화가들은 아무리 여신이라도 벗은 몸을 적나라하게 그리지는 않았다. 기술적으로 중요한 부위를 살짝 가렸다. 표정도 수줍거나 부끄러워한다. 그러나 올랭피아는 당당하다. 볼 테면 보라는 식이다. 더욱 경악스러운 것은 시선이다. 관람자를 빤히 쳐다보고 있다. 책과 모니터를 통해서는 '야한 그림'을 안심하고 볼 수 있다. 보는 사람과 보이는 사람 사이의 커뮤니케이션이 없기 때문이다. 그런데 그 안의 여인이 말을 건다면? "나를 보니까 어때?"라고. 은밀한 행위를 들킨 것처럼 깜짝 놀랄 것이다.

〈올랭피아〉가 걸린 전시실에 들어선 관람객들이 그랬다. 고고한 표정과 몸짓으로 역사화, 풍경화를 들러보고 가끔은 신화 속 여신들을 훔쳐보던 그들 앞에 갑자기 〈올랭피아〉가 나타났다. 익히 알고 있는 여자가 옷을 벗고 나를 빤히 쳐다본다. 옆에 있는 하녀는 꽃을 전달한다. 마치 '저 앞의 신사분께서 보내셨습니다.'라는 동작이다. 오른쪽 구석 고양이가 한껏 세운 꼬리는 남성을 상징하는 것처럼 보인다. 프랑스어로 암고양이 'la chatte'는 여성의 성기를 일컫는 비속어이기도 하다. 불쾌하고 화가 난 신사들은 들고 있는 지팡이로 그림을 두들겼다. 그래서 결국 이 그림은 관람객의 손이 닿지 않는 높은 곳으로 자리를 옮겼다. 점잖은 평론가들은 그림의 형식을 문제 삼았다. '붓질이 형편없다.', '원근법이 보이지 않는다.'라고. 아카데미의 기준에 부합하지 못한 작품으로 치부했다.

마네는 〈올랭피아〉를 그린 해에 〈풀밭 위의 식사〉라는 작품을 그렸

■ **풀밭 위의 식사** The Luncheon on the Grass by Édouard Manet, 1863

다. 전시회에 출품했지만 보기 좋게 낙선한 그림이다. 비슷하다. 여기서도 나체의 여인이 있다. 곁에 잘 차려입은 두 남자가 있고, 그들 뒤쪽에 한 여인이 또 그려져 있다. 남자들은 마네의 동생과 매제다.

당시 부르주아들은 매춘부와 함께 파리 근교 숲속에서 피크닉을 즐겼다. 그 장면을 화폭에 과감히 담은 것이다. 음식을 담은 바구니가 어지럽게 흩어져 있다. 한 여인은 몸을 씻고 있다. 방금 무슨 일이 벌어졌는지 짐작이 간다. 그런데 주인공인 이 여인, 또 빅토린 뫼랑이다. 그녀는 또다시 캔버스 밖을 응시한다. 부끄러움을 모른다. 당당하다. 적나라하게 접힌 뱃살까지. 절대로 여신의 모습이 아닌 평범한 여

■ **파리스의 심판** The Judgement of Paris by Marcantonio Raimondi, c. 1515
라파엘로가 동판화로 남긴 작품을 마르칸토니오 라이몬디가 모사한 작품이다.

인이다.

　〈풀밭 위의 식사〉에 분노해 낙선시킨 심사위원들은 이 그림이 뜻하는 바를 분명히 알았을 것이다. 그림과 처음 마주쳤을 때 자기들을 응시하는 뫼랑의 시선을 보고 어떤 기분이 들었을까? 감추고 싶었던 은밀한 비밀을 들켜버린 기분 아니었을까?

　사실 마네의 〈풀밭 위의 식사〉는 르네상스 시대 라파엘로의 〈파리스의 심판〉 중 한 부분을 본떠서 그렸다. 두 남자 사이에 나체의 여인이 밖을 응시하는 형태를 그대로 차용했다. 그럼에도 라파엘로는 칭송받고 마네는 비난받아야 했다. 이유는 바로 앞서 말했던 '상상 속의 신'과 '현실 속의 사람'이라는 차이 때문이다. '예술은 현실과 동떨어지더라도 모름지기 고상하고 이상적이어야 해.' 수천 년 주류 사회에 전해 내려오던 예술에 대한 이런 시각은 마네의 〈올랭피아〉와 〈풀밭 위의 식사〉로부터 조금씩 무너져 내렸다.

마네에게는 든든한 후원자가 있었다. 샤를 피에르 보들레르(Charles Pierre Baudelaire, 1821~1867)다. 현대 시를 창시했다고 하는 이 천재 시인은 예술 평론가로도 영향력이 높았다. 그는 지식인들 사이에서 궁지에 몰린 마네를 끊임없이 응원했다. 보들레르는 현대 생활을 담는 것이 진정한 예술이라고 주장했다. 그런 면에서 마네가 진정한 예술가로 보였던 것이다.

소설가 에밀 졸라(Émile Zola, 1840~1902)와 시인 스테판 말라르메(Stéphane Mallarmé, 1842~1898) 역시 글을 통해 마네를 높이 평가했다. 무엇보다 마네의 진정한 팬들은 곧이어 인상주의를 구성하게 될 젊은 화가들이었다. 모네, 피사로, 르누아르, 세잔, 드가 등은 마네를 존경했다. 그들도 마네를 따라 화가의 손길이 그대로 보이는 투박한 붓터치를 했고 현실을 소재로 그림을 그렸다. 그래서 인상주의 그림에는 절대로 신화와 역사화가 없다. 8번이나 개최됐던 인상주의 전시회에 마네는 한 번도 참여한 적이 없지만, 인상주의의 아버지로 추앙받는 이유다.

유럽 유명 미술관에
버젓이 전시하고 있는
복제품

고흐의
〈해바라기〉와 〈별이 빛나는 밤〉

빈센트 반 고흐
Vincent van Gogh, 1853~1890

고흐(Vincent van Gogh, 1853~1890)의 〈해바라기〉를 처음 본 곳은 필라델피아 미술관이었다. 이런 세계적인 명작을 내가 직접 보다니 하며 감격했다. 몇 년이 지나 암스테르담 반 고흐 박물관에서 〈해바라기〉를 봤을 때는 배신감이 들었다. '그때 내가 미국에서 본 그림이 가짜였어?' 설마 고흐의 고향에 그의 이름을 따서 만든 박물관에 모조품을 전시하지는 않았을 테고. 며칠 후 런던 내셔널갤러리에서 또다시 〈해바라기〉를 만났다. '여기에도 복제품이!? 하긴 고흐가 워낙 유명하고 인기 있으니까.'라고 여겼다. 물론 서양 미술을 잘 모르던 때였다.

결론적으로 미국과 영국의 두 작품은 '복제품'이 맞다. '에이, 그렇게 대단한 미술관에서 카피 작품을 버젓이 전시하다니. 자존심도 없나?'라고 생각할 수 있다. 그러나 이 〈해바라기〉들은 복제품은 복제품이되, 화가가 직접 복제한 것이다. 당연히 복사기가 없었던 시대다. 당시로서는 판화가 있었지만 색깔을 끔찍이 중요하게 여기는 고흐에게는 안 될 말이다. 특유의 강렬한 노란색이 들어가지 않은 〈해바라기〉는 고흐의 것이라고 할 수 없다.

고흐는 처음 〈해바라기〉를 그릴 때와 똑같은 재료, 같은 구도로 직접 그렸다. 한두 개도 아니고 자그마치 일곱 개다. 이 외에 꽃병 없이

■ **해바라기** Sunflowers by Vincent van Gogh
왼쪽 작품이 반 고흐 미술관 소장품(1889)이고, 오른쪽이 내셔널갤러리 소장품(1888)이다.

해바라기를 소재로 한 그림이 또 다섯 개 있다. 보통 〈세 송이 해바라기〉, 〈열두 송이 해바라기〉, 〈열다섯 송이 해바라기〉로 구분하지만, '어느 미술관의 〈해바라기〉'라고 하는 것이 훨씬 더 자연스럽다.

이러한 작품들을 '레플리카(replica)'라고 한다. 예술에서 원작자가 한 작품을 같은 재료와 방법으로 동일하게 재현한 것을 말한다. 순서상의 차이일 뿐이지 꼭 먼저 것이 낫다고는 볼 수 없다. 고흐의 꽃병이 있는 〈해바라기〉도 처음 것보다 오히려 나중에 그린 작품들이 훨씬 유명하다.

고흐뿐만 아니다. 우리는 보통 인터넷과 미술책을 통해 명화 혹은 화가의 대표작을 하나만 접하게 된다. 그러나 유럽의 미술관을 여러 군데 다니다 보면 생각지도 못한 작품을 접할 때가 있다. 루브르 박물관의 〈모나리자〉와 같이 상식처럼 그곳에 있어야 하는 작품이 다른 곳에 버젓이 전시되고 있으니 말이다. 이러한 레플리카는 작가가 직접 복제했을 수도 있지만 그가 운영하는 화실에서 제자들과 공동으로 작업하거나 수련을 위해 베끼게 하는 경우도 있다. 작가의 지도하에 제작되었으니 당연히 그의 이름이 남는 것이다.

바로크 화가 페테르 파울 루벤스가 대표적이다. 루벤스는 국제적인 명성을 얻은 화가로 전 유럽을 다니며 외교관 역할을 수행해 항상 시간이 부족했다. 작품 의뢰가 끊이지 않았다. 특히 루벤스는 사이즈가 큰 대작을 선호해 빨리 작업을 마칠 수 없었다. 때문에 작은 종이에 구상한 그림은 그리고 제자들에게 그것을 큰 캔버스에 옮기노록 했다. 색칠도 직접 하는 경우는 드물었다. 때때로 꽃이나 풍경 등은 특화된 전문 화가에게 맡기기도 했다. 물론 주문자들도 이런 작업 방식을 알았다. 그래서 계약서를 쓸 때는 항상 '인물의 얼굴은 루벤스 본인이 직접 그릴 것'을 명시했다.

고흐는 죽기 2년 전인 35세에 프랑스 남부 아를에 정착한다. 밝고 강렬한 햇빛을 바라며 일본에 가보고 싶었던 그에게 아를은 일본을 대신한 유토피아였다. 그곳에서 화가들의 공동체를 꿈꾸었다. 경제적으로 서로 도움을 주고받으며 예술 세계를 논하는 공동체다. 파리의 여러 화가들에게 권유했지만 모두 거절당했다. 오로지 폴 고갱(Paul Gauguin, 1848~1903)만이 고흐의 동생 테오의 권유에 못 이겨 이에 응했다.

자기의 꿈이 이루어지는 순간이었기에 고흐는 기뻤다. 고갱을 맞이하기 위해 방을 꾸미려 그린 것이 바로 〈해바라기〉다. 하지만 둘의 동거는 겨우 두 달 만에 끝났다. 서로 성격이 너무 달랐고 예술에 대한 사고방식에도 큰 차이가 있었다. 고흐는 초상화가를 꿈꾸었듯이, 그림은 '보고 그려야' 한다고 생각했다. 반면 고갱은 '본 것'에 느낌을 담아 표현해야 한다고 주장했다. 귀를 자르는 사건 이후 고갱은 떠났고 고흐는 스스로 정신 병원에 입원했다.

병원 안에서는 보고 그릴 소재가 한정적이었다. 그래서 동생 테오에게 부탁해 유명한 화가들의 그림을 보내달라고 했다. 작품들을 모사하기 위해서다. 테오는 밀레, 들라크루아, 렘브란트의 작품들을 보냈다. 당연히 진품이 아니다. 그것을 판화로 새겨 대량 복사해 판매하는 것들 중에서 골랐다. 우편으로 받은 작품을 고흐는 열심히 따라 베꼈다. 그러나 판화의 색깔은 단색일 수밖에 없다. 색을 중시했던 고흐는 여기에 자기만의 컬러를 입힌다. 이렇게 그린 그림들은 아직도 남아 있는데 원작과 비교해도 손색이 없다. 아니 원작과는 완전히 다른 그림들로 탄생했다.

고흐는 유명 작가들의 그림 외에 자기 작품도 다시 그렸다. 이때 〈해바라기〉를 그렸고, 〈아를의 침실〉도 두 개 더 그렸다. 화가들의 공동체를 꿈꾸며 희망에 부풀어 있었던 시기에 그린 〈아를의 침실〉. 1년여 정신 병원에 갇혀 치료를 받으면서 고흐가 그때를 회상하며 다시 선택한 소재다.

■ **낮잠** Noonday Rest by Jean-François Millet, 1866

고흐가 밀레의 〈낮잠〉을 모사한 그림. 판화로 찍어서 좌우 반대로 자리 잡은 그림을 그대로 따라 그렸다.

■ **론강의 별이 빛나는 밤** Starry Night Over the Rhone by Vincent van Gogh, 1888

〈아를의 침실〉은 총 세 점이다. 대부분 구성은 비슷하지만 침대 위에 걸린 초상화 두 점이 다르다. 최초의 작품 속 초상화의 주인공은 고흐의 친구였던 외젠 보흐와 폴 외젠 미예다. 병원에서 그린 두 번째 버전은 지금도 남아 있는 고흐의 자화상과 한 여인이 있다. 이 여인이 누구인지는 정확히 밝혀지지 않았다. 마지막으로 그린 버전에서도 고흐의 자화상이 있다. 그 옆에는 나이 든 여인이 있는데 어머니의 초상화로 추정하고 있다. 병원에서 잘 지내고 있다는 자신의 안부를 전하는 동시에 어머니를 그리워하는 마음을 표현한 것이 아닐까 싶다.

고흐의 대표작으로 〈별이 빛나는 밤〉이 있다. 이 작품은 같은 제목으로 두 개가 있다. 하나는 오르세 미술관에 전시되어 있고, 다른 하나는 뉴욕 현대 미술관에 있다. 고흐가 아를에서 희망에 젖어 가장 행복했을 때 론강과 하늘에 반짝이는 별들을 그린 것이 오르세 버전이다. 며칠씩 밤에 나가 하늘을 바라보며 그렸다. 푸른 밤하늘에 북두칠성이 선명하다. 고흐가 직접 본 것을 그렸기 때문이다.

반면 두 번째 버전은 정신 병원에서 상상으로 그린 그림이다. 고갱과 언쟁할 정도로 자기 스타일을 고집했던 그가, 직접 보지 않고 그린 것이다. 뜬금없는 사이프러스 나무와 프랑스 남부에서는 볼 수 없는 뾰족한 첨탑 교회가 보인다. 하늘의 달과 별 주변에는 눈으로 관측하기 어려운 코로나(corona)도 있다. 고흐의 상상 속 세계는 얼마나 아름다운가. 그가 그린 대부분의 '보고 그린' 작품은 훌륭하다. 하지만 뉴욕 현대 미술관의 작품을 볼 때마다, 고흐가 그린 상상 속 그림이 더 있었

■ **별이 빛나는 밤** The Starry Night by Vincent van Gogh, 1889

으면 하는 아쉬움이 남는다.

고흐 그림의 특징은 두껍게 바른 물감이다. 심지어 붓을 이용하지 않고 물감을 떠서 직접 캔버스에 짓이겼다. 2차원인 캔버스에 굴곡진 양감이 나타난다. 미술 용어로는 임파스토(impasto)라고 한다. 그래서 고흐의 작품은 아무리 크고 선명한 모니터와 도판을 통해 보더라도 진품을 직접 봤을 때의 느낌이 확연히 다를 수밖에 없다. 모니터와 도판으로는 방금 지나간 것만 같은 고흐의 손길과 붓 터치를 느낄 수 없기 때문이다.

발달한 과학은 3D 복사기까지 만들었지만 고흐의 그림마저 똑같이 복사할 수 있을지 모르겠다. 그렇기에 고흐가 자기 그림을 여러 장 복제해 남겨둔 것은 고흐를 사랑하는 사람들에게는 얼마나 다행인가.

공익광고,
18세기
영국에 있었다!

예술 불모지, 영국의 예술을 격상시킨
윌리엄 호가스 이야기

윌리엄 호가스
William Hogarth, 1697-1764

광고의 홍수 시대다. 하루에 접하는 각종 광고가 수백 수천은 족히 넘는다. 한 번 보면 눈을 떼지 못하는 SNS 영상에도 끊임없이 광고가 나왔다 사라지기를 반복한다. 광고의 기원은 언제일까?

서기 79년 화산 폭발로 사라진 폼페이 유적이 18세기부터 발굴되기 시작했다. 화산재를 걷어내자 그들의 생활상이 고스란히 드러났는데, 술집, 빵집 심지어 유곽 광고까지 나왔다. 아마도 고대 로마 훨씬 이전부터 광고가 있었을 것이라고 추정할 수 있다.

광고는 현대 인류 생활과 떼려야 뗄 수 없다. 상업적인 목적으로 행해지는 광고가 수익을 극대화하기 위한 전략이라면 공익 광고는 사실 그 뜻에 부합하지 않는다. 하지만 윤택한 공동체 생활을 위해서 누군가는 이런 일들을 해주어야 한다. 보통 국가나 단체에서 공동의 이익을 위해 계몽 수단으로 쓰는 것이 공익 광고다. 그런데 이런 공익 광고를 통해 명예를 얻은 것은 물론 떼돈을 벌어들인 화가가 있었다. 18세기를 살다 간 영국의 윌리엄 호가스(William Hogarth, 1697~1764)다.

호가스는 사업에 실패한 부친 때문에 가난한 어린 시절을 보냈다. 그럼에도 화가에 대한 꿈을 간직하고 열심히 노력했다. 미술 학교에 들어갔고 유명한 화가에게 가르침을 받으며 그의 딸과 결혼했다. 당시

■ **큐피드와 프시케** Cupid and Psyche by Anthony van Dyck, 1638

모든 화가들이 그랬던 것처럼 호가스도 처음에는 역사화를 그리고 초상화 등을 그렸다. 그러나 차별화가 없었다.

영국 사람들은 문학을 뺀 다른 예술 분야에는 도통 재주가 없었나 보다. 역사적으로 훑어봐도 순수 예술가 중에서 영국인의 이름을 찾기가 힘들다. 음악에서는 독일인 게오르크 프리드리히 헨델(Georg Friedrich Händel, 1685~1759)을 극진하게 대접한 끝에 영국인으로 귀화시켰고,

음악의 아버지 바흐의 아들 요한 크리스티안 바흐(Johann Christian Bach, 1735~1782)와 프란츠 요제프 하이든(Franz Joseph Haydn, 1732~1809)을 런던으로 불렀다. 미술에서도 마찬가지다. 대륙의 화가 앤서니 반다이크(Anthony van Dyck, 1599~1641)와 한스 홀바인을 궁정화가로 임명했다. 스타일도 프랑스와 이탈리아에서 시작된 바로크, 신고전주의, 낭만주의 등을 도입했다. 정치와 산업이 발달했고 전 세계 식민지를 거느려 '대영 제국'이라 불렸던 위대한 나라에서 독자적으로 생성된 미술 스타일은 20세기 문턱에 나온 '라파엘전파(Pre-Raphaelite Brotherhood)'가 유일하다. 수백 년간 영국의 아카데미를 장악한 것도 외국에서 건너온 기준과 양식이었다. 호가스는 이런 점들이 안타까웠다.

당시의 예술 사조는 로코코 양식이다. 귀족들의 화려한 생활을 그리거나 조각했다. 과하게 치장된 건축 양식과 값비싼 보석 등으로 꾸민 공예품들도 유행했다. 호가스는 자신이 제일 잘하는 분야를 개발하기로 한다. 어려서부터 도제 수업을 받았던 판화다. 그림의 형식은 로코코 양식을 따랐다. 등장인물도 귀족들이다. 하지만 내용은 완전 딴판이다. 귀족들의 화려한 생활이 아닌 그 안에 감추어진 허구와 허세를 풍자했다. 작품 속에 교훈을 넣어 귀족뿐만 아니라 민중들에게 메시지를 전달했다. 대부분의 민중들이 글을 읽지 못하니 그림이 메시지를 전달하기에는 훨씬 더 효과적이었다.

호가스의 대표적인 작품이자 그를 영국 최고의 화가로 만들어 준 것이 〈결혼 유행〉 시리즈다. 총 6편으로 구성된 연작물이다. 첫 번째 장면은 결혼 계약이다. 벽에 걸린 명화들과 옷차림은 이들이 귀족임을 잘 보여준다. 오른쪽에 앉은 신랑의 아버지는 가계도를 선보이며 가문을 자랑하고 있다. 이 집안과 사돈을 맺으려는 사람은 막대한 지참금을 탁자에 올린다. 정작 신랑과 신부는 결혼에 관심 없는 듯 서로를 외면하고 있다. 지금도 일부가 그렇듯이 사랑보다 집안과 재물에 따른 정략결혼을 꼬집고 있는 것이다. 뒤를 이은 작품들에서는 부부로 맺어진 이들이 불륜과 방탕을 일삼다 결국엔 살해당하고 음독자살하는 것으로 끝난다.

사실 이 시리즈는 영국에서 유명했던 연극에서 따왔다. 호가스는 이 연극을 단 6편의 그림으로 압축했다. 스스로를 드라마 작가이며, 자신의 그림은 연극 무대라고 호언했던 호가스의 치밀한 구성 덕분에 가능했다. 이 작품들은 유화 작품 외에 판화로 제작해 널리 유통되었다. 판화는 싼값에 판매되어 많은 사람들이 소유할 수 있었다. 대중 미디어가 발달하지 않았을 때다. 훌륭한 작품에 교훈까지 삽입되어 있으니 오늘날의 공익 광고라 할 수 있다. 혹은 만화의 시초가 호가스의 연작에서 시작되었다고 이야기하기도 한다.

〈결혼 유행〉 외에 호가스는 〈매춘부의 편력〉, 〈탕자의 편력〉 등의 연작을 발표했다. 당시 사회의 어리석은 행태와 문화를 가차 없이 고발하고 풍자한 작품들이다. 서민들에게 큰 호응을 얻었음은 물론이다.

예술가가 귀한 영국에서 호가스가 기여한 부분은 두 가지가 있다. 호가스의 작품이 인기를 얻자 여기저기서 복제한 그림들이 떠돌기 시

■ **결혼 유행** Marriage A-la-Mode by William Hogarth, 1743-1745

■ Beer Street and Gin Lane
술인 맥주와 진(gin)의 폐해를 알리는 호가스의 그림

작했다. 불법 복제를 막기 위해 호가스는 캠페인을 벌이고 여기저기 호소했다. 결국 의회에서 세계 최초의 저작권법이 통과되었다. 예술가들의 지적 창조물이 법으로 보호받게 된 것이다.

호가스는 외국의 예술만 알아주고 자국의 것은 경시하는 문화도 바꾸고자 노력했다. 그래서 역사, 신화, 종교를 주제로 한 대작에만 매달리지 않고 서민들의 실생활을 담은 풍속화를 그렸다. 이러한 생각을 담은 논문 《미의 분석》을 1753년에 출간했다. 유럽 대륙의 고전주의 화풍을 비판하고 영국만의 새로운 길을 모색하자고 주장했다.

호가스는 1757년 영국 왕 조지 2세에 의해 궁정화가로 임명되어 화가로서는 최고의 위치에 올라섰다. 영국 화가로는 처음으로 '경(Sir)'이라는 칭호도 받았다.

그는 부와 명예를 쥔 뒤에도 아카데미를 운영해 후배 화가를 키우고 공공 미술관을 설립해 일반 대중에게 미술을 전파했다. 이러한 호가스의 노력 덕택에 영국에서도 전 세계에 영향을 미친 위대한 화가 조슈아 레이놀즈(Joshua Reynolds, 1723~1792), 토머스 게인즈버러(Thomas Gainsborough, 1727~1788), 조지프 말로드 윌리엄 터너(Joseph Mallord William Turner, 1775~1851), 존 컨스터블(John Constable, 1776~1837) 등이 태어날 수 있었다.

서양 미술사 이야기 4

신고전주의
vs 낭만주의

1755년은 인류사에서 대단히 중요한 해다. 포르투갈 리스본에서 대지진이 일어나 약 6만 명이 목숨을 잃었다. 특히 이 시간 교회에서 예배를 드리던 많은 성도들이 무너진 건물에 깔려 사망했다. 이때까지 대재해는 도덕성의 상실에 따른 하느님의 심판으로만 여겼다. 그렇기 때문에 유럽에서도 손꼽히는 가톨릭 보수 국가, 조그만 이단도 허용하지 않았던 포르투갈에서, 더욱이 교회에서의 참사는 충격적이었다.

당시 유럽은 지식의 확산으로 계몽사상이 싹트고 있었다. 과학적 경험과 이성적 사고가 기독교와 성직자들에게 강한 의심을 갖고 맞서기 시작했다. 볼테르와 루소는 인간 중심을 이야기했고 칸트는 이성의 중요성을 역설했다. 이러한 바탕 아래 1789년 프랑스 대혁명은 기독교 세계관을 완전히 뿌리 뽑은 역사의 대전환점이 되었다.

비슷한 시기, 화산 폭발로 땅 속에 2천 년간 잠들었던 이탈리아 남부 폼페이와 헤르클레네움을 본격적으로 발굴하기 시작했다. 여기서 나온 고대 그리스·로마 시대의 유물들은 전 유럽에 큰 충격을 주었다. 2천 년이나 된 오래전이었지만 도시 구조와 인프라는 18세기의 웬만한 유럽 도시보다 뛰어났으며 발굴된 문화재의 수준 역시 상당했다. 폼페이에서 나온 벽화, 조각상, 도자기 등은 시민들이 일상생활에서 향유하던 예술품들이었다. 매우 소박하고 단순하지만 아름다웠다.

독일의 고고학자 요한 요하임 빙켈만(Johann Joachim Winckelmann, 1717~1768)은 여기에 주목했다. 직접 발굴 현장에서 예술품들을 확인했다. 시대가 추구하고자 하는 예술 세계를 고대에서 찾은 것이다.

그가 연구해 발표한 《그리스 예술 모방론》(1756)과 《고대 미술사》(1764)는 서양 미술의 물줄기를 획기적으로 바꾸어놓았다. 고대 그리스 예술에 경도되었던 빙켈만은 예술의 이상을 '고귀함과 단순함'으로 규정했는데, 그것을 구현하는 가장 좋은 방법은 그리스 예술을 모방하는 것이라고 주장했고, 이상적인 사회를 추구하는 정신적인 고귀함이 담긴 예술을 강조했다. 계몽사상과 딱 들어맞는 이론이라 할 수 있다. 특히 교회와 귀족들의 예술 사조였던 바로크와 로코코를 전복하기에 더할 나위 없었다. 신고전주의의 등장이다.

'고전(Clasic)'은 인본주의 사상으로 민주주의를 구가했던 고대 그리스 시기를 말한다. 당시를 되살리려는 시도가 르네상스였다면 바로 크, 로코코 시대에서 다시 한 번 그리스 예술로 돌아가자는 예술 사조가 '신고전주의(Neo-Classism)'다. 빙켈만이 최고의 예술이라고 찬양한 것은 현재 바티칸 박물관에 있는 그리스 조각 〈라오콘〉과 〈벨베데레 아폴로〉다.

빙켈만의 이상을 회화로 실현한 화가가 프랑스의 자크 루이 다비드다. 그는 1784년 〈호라티우스 형제의 맹세〉를 대중 앞에 선보였다. 붓자국이 보이지 않는 명확한 윤곽선, 가라앉은 색채, 안정적 구도, 엄격한 비례와 균형. 그리스·로마 조각상을 그림으로 옮겨놓은 듯했다. 그림의 내용도 마찬가지다. 그림에 등장하는 호라티우스 집안은 로마를 대표해서 알바 왕국의 큐라티우스 형제들과 결투를 벌인다. 사실 두 집안은 겹사돈 관계다. 싸움이 시작되면 누군가의 아들과 오빠, 남편은 죽을 것이 뻔하다. 그럼에도 이들은 승리의 맹세를 한다. 전체를 위해 자기희생과 애국심을 고취시킨다. 신고전주의 회화는 이러한 이상향을 위한 교훈을 담고 있다. 파리 개선문과 판테온도 그리스·로마 건축물을 모방했다. 특히 신생 국가 미국은 자신들이 로마 제국의 진정한 계승자라는 자부심으로 신고전주의 양식의 건축물을 많이 세운다. 백악관, 국회 의사당, 링컨 기념관 등이 그리스·로마 양식이다.

왕정을 뒤집고 프랑스 공화정을 세운 혁명파들에게 신고전주의는 딱 들어맞는 예술 양식이었다. 신고전주의 예술가들은 앙리 14세가

1664년 설립한 국가 예술 주무 기관인 '아카데미'를 장악한다. 다비드가 아꼈던 제자 앙투안 장 그로(Antoine Jaen Gros, 1771~1835)와 장 오귀스트 도미니크 앵그르(Jean Auguste Dominique Ingres, 1780~1867), 이탈리아 조각가 안토니오 카노바(Antonio Canova, 1757~1822)가 신고전주의를 대표하는 예술가들이다.

계몽주의 사상은 프랑스 혁명으로 꽃을 피웠고 이후 공화정을 지나 나폴레옹의 유럽 정복으로 그 정신이 유럽에 퍼지게 된다. 나폴레옹 실정 후에는 각국에서 시민 의식이 고취되고 혁명이 일어났으며 왕정이 무너졌다. 나폴레옹에 대항했던 지역에서 민족과 국가의 개념이 나타나기 시작했다. 영국에서 출발했던 산업 혁명은 선 유럽에서 그 발전 속도가 맹렬해졌다. 대량 생산을 위한 분업과 전문화가 인간을 소외시키고 빈부의 격차는 불안과 고독을 야기했다. 여기에 대한 반감이 예술가들을 자극했다. 강력한 자아의식을 분출하고 뚜렷한 주관을 갖고서 현실을 벗어나고자 하는 몸부림이 낭만주의다. 무미건조하고 이성적인 고대의 도덕성에 반대한 예술, 사회적 객관에 반대하는 개인의 주관적 표현이 낭만주의 예술의 특징이다. 예술이 재현에서 벗어나 내면으로 들어가기 시작한 것이다. 문학에서 먼저 시작됐는데 낭만주의 소설의 효시라 할 수 있는 요한 볼프강 폰 괴테(Johann Wolfgang von Goethe, 1749~1832)의 《젊은 베르테르의 슬픔》 전반에 흐르는 주인공의 번뇌와 고민이 낭만주의의 성격을 잘 말해주고 있다.

19세기 초부터 발생한 낭만주의는 주류로 확고하게 자리 잡은 신고전주의와 끊임없이 싸우고 맞섰다. 신고전주의가 기품을 중요시하고 명확한 형태와 형식에 치중했다면 낭만주의는 형식미를 부정하고 감동과 생동감을 표현했다. 지식보다는 개인의 상상력이 더 중요했다. 무엇보다 색을 우선순위에 두었는데 색은 감정을 나타내는 최고의 수단이었다. 그리스·로마의 형식과 정신이 르네상스와 신고전주의로 이어졌다면, 낭만주의는 그 사이에 끼었던 바로크의 형식을 계승한 것으로 볼 수 있다.

프란시스코 고야는 스페인의 궁중 화가였다. 화려한 왕족과 귀족들의 초상화를 그리던 그는 나폴레옹의 침략을 겪으며 화풍이 급격히 바뀐다. 저항하는 민중들의 참상을 주관적으로 표현했다. 전쟁의 승리와 위대함을 표현하지 않았고 편을 가르지도 않았으며 단지 참혹함만을 담아냈다. 청력을 잃은 말년에는 더욱 자신의 감정 속으로 들어가 보이는 것이 아닌 비현실적인 감정을 표출했다. 프랑스 화가 테오도르 제리코(Théodore Géricault, 1791~1824)는 1819년 〈메두사의 뗏목〉을 발표했다. 배가 난파되어 표류하는 뗏목에 목숨을 의지한 인간 군상을 표현한 그림이다. 당시 이 그림은 파리 아카데미를 큰 충격에 빠뜨렸다. 고상함과 도덕적 이상향을 추구한 당시 화풍에서 벗어나 인간의 본능과 고통을 소름 끼치도록 있는 그대로 그려냈기 때문이다. 비슷한 시기에 독일에는 카스파르 다비드 프리드리히(Caspar David Friedrich,

메두사의 뗏목
The Raft of the Medusa by Théodore Géricault, 1819

1774~1840)가 있었다. 프리드리히는 풍경화를 통해 대자연 앞에 선 인간의 고독과 경건을 숭고함으로 표현했다. 이들로부터 시작한 낭만주의는 들라크루아에서 전성기를 맞이한다.

외젠 들라크루아(Eugène Delacroix, 1798~1863)는 평생 동안 당시 주류였던 신고전주의라는 벽을 두들겼던 화가다. 오스만 제국에 학살당한 그리스인을 그린 〈키오스섬의 학살〉은 비평가들에게 '회화의 학살'이라는 악평을 받았다. 하지만 그는 끊임없는 비난과 조롱 속에서도 낭만주의 형식을 끝까지 놓지 않고 자신만의 화풍을 이어갔다.

키오스섬의 학살
Massacre at Chios by Eugène Delacroix, 1824

이때 신고전주의를 이끈 리더는 장 오귀스트 도미니크 앵그르였다. 들라크루아와 앵그르는 비슷한 연배로, 같은 시기를 살았다. 앵그르는 비록 국가의 미술 기준을 정히는 아카데미의 수장이었지만 새로운 물결을 마냥 무시하며 바라보지는 않았다. 아카데미에 반발하는 젊은 예술가들이 들라크루아 곁으로 점점 모여들고 있었다.

19세기 중반 파리는 '앵그르파'와 '들라크루아파'로 양분되어 싸우게 된다. 강연과 언론을 통한 비난전이 이어졌다. 제자와 학생들이 상대 진영의 영향을 받거나 화풍을 좇지 않도록 단속하기도 했다. 앵그르파로 지칭되는 신고전주의는 제도권 하에서 권력을 누렸지만, 의식 있는 창조적 예술가들에게는 '지나간 예술'을 놓지 못하는 과거 사람들로 여겨졌다. 게다가 '똑같은 재현'을 추구한 신고전주의는 사진이 발명되면서 점점 수명을 다해갔다. 도저히 무너질 것 같지 않았던 신고전주의라는 단단한 성벽은 들라크루아라는 선구자에 의해 금이 가기 시작했고, 낭만주의를 이어받은 사실주의와 인상주의에 의해 결국 무너져버렸다.

　같은 시기 음악에서도 비슷한 현상이 일어났다. 모차르트와 베토벤이 확고하게 다져놓은 고전주의(Clasic)는 자크 루이 다비드를 앵그르가 계승했듯, 이들을 존경하는 브람스(Johannes Brahms, 1833~1897)가 이어받았다. 반면 바그너(Richard Wagner, 1813~1883)는 고전주의는 끝났다고 선언하고 들라크루아와 같이 낭만주의 음악의 선봉에 서며 끊임없이 브람스와 대립했다. 제자들과 추종자들도 역시 둘로 갈렸다.

17세기
루벤스의 그림 속에
등장한 조선인?

루벤스
〈성 프란치스코 하비에르의 기적〉

루벤스
Peter Paul Rubens, 1577~1640

1983년 영국 크리스티 경매에 놀라운 그림이 나왔다. 루벤스가 그린 전신 초상화인데 낙찰자는 미국 폴 게티 미술관이었다. 소묘로는 당시 최고가인 32만 파운드(한화로 약 5억 원). 그림 속 남자가 입은 옷과 쓰고 있는 모자가 조선 시대 철릭과 방건으로 밝혀져 〈한복 입은 남자(A Man in Korean Costume)〉라는 제목이 붙었다.

페테르 파울 루벤스는 17세기 바로크를 대표하는, 지금은 벨기에 지방인 플랑드르 출신의 화가다. 훌륭한 그림 솜씨와 더불어 화려한 언변과 여러 언어를 구사해 전 유럽에서 최고의 화가로 대접받았다. 여러 나라의 궁중 화가이면서 대사 역할을 수행하기도 했다. 그런데 루벤스는 어떻게 당시 조선 사람을 그릴 수 있었을까?

이탈리아 피렌체의 상인 프란체스코 카를레티(Francesco Carletti, 1573~1636)의 기행문이 그 단서다. 카를레티가 아시아와 아프리카, 아메리카 등 전 세계를 여행하면서 기록한 내용이, 그의 사후인 1701년 《나의 세계 여행기》라는 제목의 책으로 출간되었다. 유럽에 최초로 한국을 알린 것으로 알려진 책인 《하멜 표류기》가 출판된 때가 1668년이다. 정식으로 출판된 것이 늦었을 뿐이지 사실 조선을 제일 먼저 기록한 유럽인은 카를레티였다. 그는 조선이라는 나라를 간단히 언급하면

■ **한복 입은 남자** A Man in Korean Costume by Peter Paul Rubens, c. 1617

카를레티의 기행문　　　　　　　오세영이 쓴 《베니스의 개성상인》

서, 일본에 잡혀온 조선인 포로 다섯 명을 노예로 샀다고 기술했다. 그
중 네 명은 인도에서 풀어주고 한 명만 이탈리아로 데려왔는데, '안토
니오'라는 이름을 쓰고 로마에 살고 있다고 적었다.

　1993년 이탈리아 남부 지방의 마을 알비(Albi)에 '코레아'라는 성을
쓰는 집성촌을 취재한 다큐멘터리가 방송되었다. 같은 해 작가 오세영
이 쓴 《베니스의 개성상인》이 발표되어 선풍적인 인기몰이를 했다. 모
두 카를레티의 기행문에서 착안해 취재와 소설로 이어진 것이다. 조선
의 노예는 이탈리아로 건너가 기독교로 개종하고 이탈리아 언어를 배
웠다. 개성에서 장사하며 배운 회계 지식으로 베니스에서 수완을 인정
받아 부유한 상인이 되었고, 이내 당대 최고의 화가인 루벤스에게 초
상화를 의뢰할 정도가 지위가 상승했다. 앞서 소개한 다큐멘터리와 소
설은 그의 혈통을 이어받은 후손들이 현재까지도 '코레아'라는 성을 쓰
고 있다는 가설에서 시작되었다.

　그런데 놀랍게도 이 남자는 루벤스가 1618년 발표한 〈성 프란치스

■ **성 프란치스코 하비에르의 기적** De Wonderen van de H. Franciscus Xaverius by Peter Paul Rubens, 1617-1618

코 하비에르의 기적〉에 다시 등장한다. 이번에는 소묘가 아니고 총 천연색 유화다. 훨씬 선명하게 묘사되었다. 프란치스코 하비에르(Francisco Javier, 1506~1552)는 스페인 선교사다. 가톨릭에서도 가장 보수적인 예수회의 창립 멤버로 아시아 지역, 특히 인도와 일본 선교에 적극적이었다. 이 때문에 하비에르는 성인으로 추앙되었고 그중에서도 선교사들의 수호성인이 되었다. 국내에서도 예수회 학교인 서강대학교에는 하비에르의 이름을 딴 건물이 있다.

루벤스는 하비에르 사망 이후인 1618년 이 그림을 완성했다. 하비에르가 선교를 하면서 행한 숱한 기적을 찬양했다. 죽은 자를 살리고 각종 우상을 파괴하며 많은 이들을 하느님의 품으로 전도하는 장면을 담았다. 그림에 등장하는 인물들 가운데 중앙에 서 있는 두 사람이 특이하다. 붉은 모자는 중남미의 전통적인 복장이다. 그 옆에 앞서 소묘에서 보았던 동양인 남자가 돋보인다. 그러니까 유럽의 백인들뿐만 아니라 동양과 신대륙 모든 민족이 하비에르의 설교에 감화한다는 내용이다. 그렇다면 동양의 대표로 그려진 사람이 조선에서 온 안토니오일까?

유독 한국에서만 이 그림 속의 동양인 때문에 논란이 일었다. 과연 이 사람이 조선인이냐, 이 옷차림이 전통적인 조선 복식, 즉 철릭과 방건이 맞는지 끊임없는 논쟁이 이어지고 있다. 폴 게티 미술관에서는 '한복 입은'이라고 했지만 정작 국내에서는 오히

우리의 전통 복장인 철릭(왼쪽)과 방건(오른쪽)

려 '아니다'라는 얘기가 흘러나온다. 역사학자와 미술사학자는 물론 복식 전문가의 의견도 일치하지 않는다. 조선인이 아니라는 입장에서는 '전통적인 방건은 각진 모양이지만 그림 속 모자는 형태가 둥글다', 철릭 또한 길이가 중국식에 가깝다는 반론이다. 무엇보다 루벤스가 동양을 대표하는 인물로 당시 유럽에서 쉽게 볼 수 있는 중국인을 제치고 유럽에 겨우 한 명 있을까 말까 한 조선인 '안토니오'를 수소문해 그렸을 가능성이 희박하다. 루벤스가 로마에 머물렀던 시기는 매우 바빴던 때로 생소한 동양인의 초상화를 그렸을 이유도 별로 없다. 그리고 노예로 팔려온 '안토니오'가 조선 전통 복장을 지구 반대편까지 오는 10여 년 동안 깨끗하게 보관한 것도 의문스럽다.

한국 복식 전문가 윤지원 박사는 "모든 문화가 그렇지만 복식사에서 '고유'라는 말은 조심스럽게 써야 한다."며 "철릭도 원에서 들어왔지만 한국식으로 디테일이 변했다. 루벤스의 그림을 보면 소재나 실루엣 등에서 서구적인 것이 나타난다."고 한다. 즉 지금의 시각과 남겨진 자료만으로 그림과 비교해서 어떤 사실을 확정지을 수는 없다는 얘기다. 루벤스가 가끔 보던 동양인의 옷차림을 자신만의 스타일을 가감해 그렸을 수도 있다. 아니면 '안토니오'라는 조선인 노예가 루벤스 앞에 모델로 서기 전, 자신이 고향에서 입던 옷을 기억을 더듬어 새로 만들어 입었을 수도 있다. 여하간 이러한 논란 자체가 서양 미술을 대표하는 거장 루벤스를 통해 회자되고 있는 것이 신기하다.

경주의 괘릉(掛陵)을 지키고 있는 석상의 모델은 아라비아 사람이다. 우리가 상상했던 것 이상으로 전 세계는 오래전부터 교류했다. 찾아보면 더 많은 조선인, 아니 신라·고려인들이 서양 미술 속에 등장하지 않을까?

스티브 잡스의
원조는
르네상스 '자뻑' 화가

북유럽의 레오나르도 다빈치,
알브레히트 뒤러

알브레히트 뒤러
Albrecht Dürer, 1471-1528

20세기 IT(Information Technology)를 선도한 사람은 누가 뭐래도 스티브 잡스(Steve Jobs, 1955~2011)다. 누구도 생각지 못한 혁신적인 아이디어를 현실화한 잡스. 그는 언제나 검은색 터틀넥 티셔츠와 청바지를 입고 대중 앞에 섰다. 그의 가장 잘 알려진 사진은 렌즈를 응시하면서 턱에 손을 대고 자신을 가리키는 정면 모습이다. 서양 미술에 관심이 있는 사람이라면 이 포즈가 어떤 것을 차용했는지 알 수 있을 것이다. 바로 뒤러의 자화상이다.

스티븐 잡스의 전기를 다룬
《스티브 잡스》의 영국판

르네상스 시대 독일의 화가인 알브레히트 뒤러는 1500년 자화상을 그렸다. 그가 산 세월의 딱 절반이 되는 시기다. 잡스의 사진을 보면서 뒤러의 자화상이 떠오르듯, 뒤러의 그림을 보면 자연스럽게 연상되는 인물이 있다. 그렇다. 바로 예수다.

물론 당시로부터 1500년 전에 죽은 중동의 한 남자가 어떻게 생겼는지 알 수는 없다. 그러나 서양에서는 어느새 동양의 남자를 자신들처럼 백인의 모습으로 바꾸었다. 긴 머리와 적당한 수염까지. 대략 서양인들이 생각하는, 아니 지금까지도 전 세계 사람들이 흔하게 떠올리는

■ **28세 자화상** self-portrait at 28 by Albrecht Dürer, 1500

예수의 모습이 뒤러의 자화상에 투영되어 있다.

보통 예수의 모습을 그릴 때 많이 쓰이는 손의 제스처가 있다. 두 손가락을 치켜 든 자세다. 특히 성모 마리아 품에 안긴 어린 예수의 그림에서 많이 나온다. 세상을 축복하는 손짓이다. 뒤러는 자신의 모습을 예수처럼 그렸다. 하지만 다른 사람을 축복하는 손가락은 자신을 가리키고 있다.

독일 화가 하인리히 호프만(Heinrich Hofmann) 이 그린 예수. 축복의 제스처를 취하고 있다.

누구나 스마트폰을 사용하는 요즈음 자신의 사진을 찍어 SNS 등에 자주 노출하는 사람들을 속된 말로 자기에게 뻑 갔다는 뜻으로 '자뻑'이라고 말한다. 500년 전 사람인 뒤러도 '자뻑 화가'가 아니었을까? 이 초상화의 검은 여백에는 '뉘른베르크 출신의 나 뒤러는 영원히 남는 색으로 나 자신을 그렸다'라고 적었다. 이 28살 청년은 신이 세상을 창조했듯, 예술가인 자신도 창조자라는 긍지를 가지고 있었다.

〈28세 자화상〉 외에도 뒤러는 자화상을 많이 남겼다. 〈13세 자화상〉과 함께 〈26세 자화상〉도 유명하다. 〈26세 자화상〉은 왕족이나 귀족의 상징이라고 할 수 있는 장갑을 착용한 모습으로 그렸다. 그는 언제나 자신을 존엄하게 여겼다. 자신감을 넘어 오만하다고 볼 수 있지만 뒤러는 평생을 자신과 화가의 지위를 격상하기 위해 최선을 다했다.

뒤러는 천재다. 잡스가 그랬던 것처럼 뒤러 역시 미술에 혁신적인 아이디어를 접목했다. 뒤러는 자신의 그림을 판화로 제작해 판매

■ **26세 자화상** self-portrait at 26 by Albrecht Dürer, 1498

했다. 그가 활동하던 때는 요하네스 구텐베르크(Johannes Gutenberg, 1397~1468)가 금속 활자를 발명해 전 유럽에 인쇄술이 널리 퍼지기 시작한 시기다. 이전까지 성경 한 권을 필사하면 집 몇 채 값에 팔렸지만, 인쇄술의 발달로 서민들도 보다 손쉽게 책을 소유할 수 있게 되었다. 뒤러는 그림도 이렇게 할 수 있다고 생각했다. 물론 그림을 판화로 만든 사람이 뒤러가 처음은 아니다. 하지만 이름이 널리 알려진 거장이 자신의 그림을 보급판 판화로 만들어 스스로 작품의 격을 낮출 일은 없었다. 당시 그림은 일반 서민들이 가질 수 있는 것이 아니었다. 왕족과 귀족이 장인에게 주문해 자신들이 소유하는 것이 대부분이었다. 서민들은 큰 교회에 가서나 성화(聖畵) 등을 겨우 접할 수 있었다.

뒤러는 동판과 나무에 그림을 그려 판화로 찍었다. 대충 그린 그림이 아니다. 〈요한계시록〉, 〈기사. 죽음 그리고 악마〉, 〈멜랑콜리아〉를 비롯해 다수를 제작했다. 놀라울 정도로 세밀하고 치밀한 구성 그리고 강력한 메시지를 담은 작품이다. 이제 서민들도 유명 화가의 작품을 집 안에 걸어둘 수 있게 되었다. 글을 읽지 못하는 대부분의 가정에서 뒤러의 판화는 유일하면서도 의미 있는 이미지였다. 뒤러는 학자와 예술가 등 지식인들을 위한 글도 다수 남겼다. 《컴퍼스 측량》, 《인체 비례》, 《원근법》 등의 논문이 그것이다. 이론에도 해박했음을 알 수 있다.

뒤러는 젊은 시절, 이탈리아를 여행했다. 그는 큰 충격을 받았다. 알프스 이북에는 예술가가 없었다. 한낱 장인에 불과했다. 화가, 조각가, 건축가는 돈 많고 권력이 있는 사람들이 주문한 대로 그리고 조각하고

■ **기사, 죽음 그리고 악마** Knight, Death and Devil by Albrecht Dürer, c. 1500

■ **멜랑콜리아** Melancholia by Albrecht Dürer, 1514

건물을 짓는 사람들이었다. 작품에는 그들의 이름이 남아 있지 않았다. 오로지 주문자가 누구인가만이 중요했다. 그러나 르네상스가 태동한 이탈리아는 달랐다. 주문에 따라 제작하고 돈만 받는 장인이 아니었다. 예술을 통해 새로운 세계를 만드는 창조자였다. 일반 서민들은 물론 귀족과 왕에게도 존경받는 '예술가'였다.

뒤러는 그런 예술가들의 명성이 부러웠다. 뒤러의 아버지 역시 이름 없는 금 세공사였다. 그는 가업을 잇지 않았다. 화가의 길로 들어섰고, 이탈리아를 여행하면서 '우리 독일의 예술가들도 이탈리아 못지않은 실력을 키워 위대한 창조자가 되자'는 원대한 목표를 세웠다. 뒤러는 이탈리아에서 배운 선진 예술 기법을 독일에 도입했다. 그 스스로도 이탈리아 화가를 넘어선 작품을 내놓기 시작했다. 이후 독일에서두 예술가의 이름이 조금씩 드러나기 시작했다. 뒤러의 명성은 한없이 드높아졌다. 이때부터 '북유럽의 레오나르도'라고 불렸다.

여기서 문제가 생겼다. 뛰어난 화가 뒤러의 작품이 돈이 된다는 것을 안 사기꾼들이 움직이기 시작했다. 뒤러의 그림을 모사한 뒤 사람들을 속여 판 것이다. 뒤러는 고심 끝에 자신의 이니셜을 그림에 넣었다. 일종의 브랜드다. 애플 하면 한 입 베어 문 사과가 떠오르는 것처럼 뒤러도 아이콘을 만들었다. 자신의 이름 알브레히트 뒤러의 알파벳 앞 글자, A와 D를 조합한 모양이다. 회화와 판화 속에 이 형상을 새겨 넣고 자신의 고유 작품임을 표시했다.

저작권 개념이 없던 시기, 사기꾼들은 이것마저 정교하게 따라 그려

알브레히트 뒤러의 서명

뒤러를 아연실색케 했다. 이 역시 요즘의 유명 브랜드 복제, 애플의 유명 제품을 자기 것인 양 만들어 파는 '짝퉁' 행태와 다르지 않다.

스티브 잡스가 2005년 스탠퍼드 대학교에서 한 연설은 꽤 유명하다.

Your work is going to fill a large part of your life, and the only way to be truly satisfied is to do what you believe is great work. And the only way to do great work is to love what you do.

여러분의 삶에서 일은 많은 부분을 차지할 것이고, 그 일에 진심으로 만족하게 되는 단 한 가지 길은 그것이 위대한 것이라 믿는 것입니다. 그리고 그 위대한 일을 하는 유일한 방법은 그 일을 사랑하는 것입니다.

500년이라는 시간의 간극에도 불구하고 희대의 천재, 뒤러와 잡스는 많이 닮았다. 뒤러도 잡스와 같은 생각을 가지고 있었다. 자신이 걷고 있는 그 길이 위대한 여정이라고 생각했다. 빛나는 천재성과 아이디어의 바탕에는 진심을 다한 노력이 있었다. 무엇보다 화가는 예술을 통한 창조자라는 자긍심을 가지고 그림 그리는 일을 사랑했기 때문에 500년이 흐른 지금도 뒤러는 서양 미술사에서 위대한 이름을 남기게 되었다.

어느 화가의 뮤즈,
필리데
멜란드로니

〈성모의 죽음〉을 그린
카라바조 이야기

미켈란젤로 다 카라바조
Michelangelo da Caravaggio, 1573-1610

주관적인 관점에 따라 평가가 다르겠지만, 서양 미술 속에 등장하는 수많은 실존 여인들 중에 미모 순위로 Top 3를 꼽으라면, 베아트리체 첸치와 시모네타 베스푸치(Simonetta Vespucci, 1453?~1476) 그리고 필리데 멜란드로니(Filide Melandroni, 1581~1618)를 들 수 있다. 공교롭게도 모두 이탈리아 사람들이다.

첸치와 베스푸치는 화가 앞에서 모델을 선 적이 없다. 젊음을 간직한 채 요절한 그녀들을 사모했던 귀도 레니와 산드로 보티첼리가 자신들의 그림에 등장시킨 것이다(보티첼리는 〈비너스의 탄생〉을 그리면서 베스푸치를 연상해서 그렸다). 그러나 멜란드로니는 한 화가의 전속 모델을 하면서 그의 '뮤즈'로 여러 작품에 등장했다. 예술가는 아니었지만 그녀의 이름과 아름다움은 서양 미술의 역사 한켠에 위치하고 있다.

로마의 산타마리아 델라 스칼라 교회는 당시 떠오르는 젊은 화가에게 작품을 주문했다. 교회의 이름에도 있는 성모 마리아를 그려 달라고 했다. 그러나 그림을 받은 교회 성직자들은 경악했다. 죽어 있는 성모를 그린 것이다. 성스러워야 할 예수의 어머니 성모가 너무나 평범한 한낱 여인의 모습으로 눈을 감고 있었다. 풀어 헤쳐진 머리, 더러운 발과 볼록한 배, 남루한 옷차림……

■ **성모의 죽음** Death of the Virgin by Michelangelo Merisi da Caravaggio, 1604-1606

사실 우리와 문화가 달라 하루 종일 신발을 신고 생활하는 서양에서는 맨발을 좀처럼 드러내지 않는다. 맨발을 드러낸다는 것은 속살을 보이는 것처럼 부끄러운 일이다. 혹여 그림에서 누군가가 맨발로 서 있다는 것은 그곳이 신성한 장소임을 나타낸다. 지금도 전 세계 중요한 성당과 사원에서는 입장할 때 신발과 양말 착용을 금한다. 그런데 성스럽고 숭배받아야 할 성모가 교회가 아닌 곳에서 맨발을 내놓은 것이다. 교회가 원한 성모는 이런 모습이 아니었다. 성모를 일반적인 인간과 동급으로 다루고 심지어 죽게 만든다는 것은 그 누구도 다루지 않은 소재였다. 항상 자애롭고 인류에게 평안을 주어야 할 성모가 죽었다! 기록 사진처럼 생생하고 사실적으로 표현한 죽음의 현장이다. 당연히 교회는 그림 수령을 거부했다.

이런 스캔들을 일으킨 사람은 이탈리아의 화가 미켈란젤로 다 카라바조다. 서양 미술사를 얘기할 때 카라바조는 절대 빼놓을 수 없는 인물이다. 우선 바로크 회화를 창시했다. 과학적이며 이성적으로 감상하는 르네상스 회화를 가슴으로 느끼는 현란하고 감각적인 방향으로 바꾸어놓았다. 그가 이를 위해 사용한 도구는 바로 빛이다. 극적으로 대비되는 명암으로 주제를 부각시켜 관람자들을 놀라게 했다. 이를 테네브리즘(Tenebrism)이라고 하며 바로크 회화의 가장 큰 특징이다.

수많은 그의 추종자들 즉, 카라바지스트(Caravaggist)들을 낳았고 벨라스케스와 루벤스, 렘브란트 등 바로크 거장들의 뿌리가 되었다. 젊은 시절 실력 하나만으로 로마에 혜성같이 등장한 카라바조는 교황과 추기경 등 여러 권력자들의 비호를 받았다. 당시는 종교 개혁의 불씨가 타오르던 시기라 가톨릭의 본산 로마는 불안했다. 때문에 이성을 마비시키는 카라바조의 강렬한 그림은 글을 모르는 민중들에게 신의 위대함을 설명하기에 적합했다.

이런 대접과 칭송을 적당히 즐기며 작품 활동을 했으면 좋으련만, 카라바조는 혈기왕성했다. 누구에게도 굽히는 성격이 아니었다. 자기 스타일만을 고집했다. 카라바조는 사실적인 그림을 추구했다. 당시 최고의 화가라고 일컬어지는 라파엘로 산치오처럼 모든 그림을 이상화시키지 않았다. 예쁘고 성스러움을 위해 사실을 포기하지 않았다. 있는 그대로 그렸다. 라파엘로가 했던 것처럼 그림에 등장하는 인물을 상상 속에서 꺼내지 않았다. 실제 모델을 썼다.

카라바조가 〈성모의 죽음〉을 그렸을 때 또 한 가지 교회 관계자들을 놀랍게 한 사실이 있다. 성모가 모델을 통해 모습을 드러낸 것이다. 그 모델은 바로 로마의 창녀이자 카라바조의 연인 필리데 멜란드로니였다. 멜란드로니는 매춘 혐의로 체포된 적이 있었다. 그의 고객은 교회 관계자들을 비롯한 로마의 고위층이었다. 당연히 그림을 받은 주문자들은 그녀를 알았을 것이다. 그런 여자를 감히 성모의 모델로 쓴 것이다. 19세기 프랑스 화가 에두아르 마네가 빅토린 뫼랑을 모델로 써서 그린 〈올랭피아〉 때문에 파리의 부르주아가 모욕을 당했다고 난리를 쳤던 시기보다 200년 앞선 스캔들이었다.

카라바조는 아랑곳하지 않았다. 그는 여전히 사실적인 그림을 그렸

마네가 그림 속에 담은 빅토린 뫼랑의 모습

고 멜란드로니는 계속해서 그의 그림에 등장했다. 성모에 이어 예수를 따른 막달라 마리아로 나오는가 하면 순교한 카타리나 성녀, 이스라엘의 여자 영웅 유디트 등 수많은 작품에서 주인공으로 등장했다. 카라바조의 사심이 있었는지 멜란드로니는 신분에 걸맞지 않게 성경 속 성스러운 인물로 출연한다. '예술가의 뮤즈'라고 해서 특정 작가의 작품에 자주 출연하는 배우가 있고 모델이 있다. 가장 흔한 것이 '영화감독 / 여배우'의 예일 것이다. 그 원조 또한 카라바조라 할 수 있다.

팜므파탈(femme fatale)은 프랑스어로 '치명적인 여자'란 뜻이다. 아름다움에 반한 남자가 여자에게 빠지지만 결국은 그 때문에 파멸한다는 것이다. 클레오파트라에게 빠진 안토니우스, 데릴라와 삼손, 헬레나와 파리스 등 역사 속에서 종종 그 예를 찾아볼 수 있다. 카라바조도 그랬을까?

카라바조는 자신의 뮤즈 멜란드로니의 연인 혹은 포주로 알려진 토

■ **성녀 카타리나** Saint Catherine of Alexandria by Michelangelo Merisi da Caravaggio, c. 1598

■ **매장** The Entombment of Christ by Michelangelo Merisi da Caravaggio, 1602-1603

마소니와 싸움을 벌이다 살인을 저지른다. 이 때문에 사형 선고를 받았지만 야반도주를 했다. 이탈리아 남부를 4년 동안 전전하던 카라바조는 사면 소식을 듣고 로마로 가던 중 객사했다. 한때 로마에서 가장 유명한 화가의 결말로는 어처구니가 없다.

그렇다면 산타마리아 델라 스칼라 교회에서 거부했던 그 그림은 어떻게 됐을까? 로마에서 이 그림을 접한 카라바조의 추종자 루벤스는 자신의 후원자인 만토바 공작에게 작품을 사도록 했다. 이후 여러 명의 손을 거쳐 1671년 루이 14세가 구매했고 프랑스 왕실 소유품이 되어 지금은 루브르 박물관에 전시되어 있다.

단란한
식탁에
해골이?

서양 정물화 속에 담은 교훈
'바니타스 정물화'

서양 미술계에서는 오랫동안 예술 아카데미에서 정한 미술의 등급이 적용되었다. 아무리 뛰어난 작품이라도 역사, 신화, 종교를 주제와 소재로 삼지 않으면 2류 취급을 받았다. 왕과 귀족들의 초상화가 그 아래였고 이어서 풍경화, 정물화 순이었다. 일반 서민들의 삶을 담은 풍속화에는 아예 가치를 부여하지 않았다. 자연스레 화가들은 아카데미가 정한 등급에 따른 소재를 우선시했다.

하지만 이런 가운데에도 유독 네덜란드에서는 정물화가 유행했다. 인류 역사상 최초의 부르주아 시민 사회를 이룩했던 나라가 네덜란드다. 세계 무역을 통해 막대한 부를 축적한 네덜란드의 사업가들은 역사화, 신화, 종교 예술에는 관심이 없었다. 철저히 현실적이었던 사람들. 그들은 정물화에 온갖 진귀한 보석과 구하기 어려운 꽃, 과일 등을 그려 넣어 벽에 걸어두고는 부를 과시했다. '내가 이 정도를 가진 사람이야!'라고. 오늘날 명품 시계와 자동차, 돈다발 등을 찍은 사진을 SNS에 올리는 것과 비슷한 심리다. 지금도 그 당시에 탄생한 빼어난 정물화들이 많이 남아 있다. 그런데 아름답고 고운 것들이 들어가 있어야 할 그림에 이상한 것들이 눈에 띈다. 시든 꽃, 깨진 그릇, 심지어 해골까지 보인다.

■ **헛됨의 알레고리** Allegory of Vanity by Antonio de Pereda, 1632-1636

현실적인 이 사람들은 개신교도다. 구교인 가톨릭과는 다른 신앙관과 세계관을 가지고 있었다. 현세에서 희생하고 고생하면 천국에서 보상받는다는 전통적인 사상을 버렸다. 열심히 일해서 현세에서 보상받는 것이 신의 축복이라고 생각했다. 더욱 더 열심히 일하고 부를 축적했다.

그럼에도 청교도적인 신앙을 가지고 있었던 그들은 자만과 허영에 빠져 몰락하지 않으려 항상 조심했다. 그래서 정물화를 통해 부를 과시하면서도 소박하게나마 교훈을 삽입했다. 그것이 시든 꽃과 해골이다. 아무리 화려한 꽃도 언젠가는 시든다. 제아무리 권력을 누리고 아름다운 외모를 가진 사람도 늙으면 죽고 해골로 변하기 마련이다. 'Vanitas vanitatum, et omnia vanitas(헛되고 헛되며, 모든 것이 헛되도다).' 성경 《전도서》(가톨릭에서는 《코헬렛》)에 나오는 구절이다. 여기서 기인 했기 때문에 이런 정물화를 일컬어 '바니타스(vanitas) 정물화'라고 부른 다. 이 문구를 직접 그림 안에 써놓기도 했다. 때로는 시든 꽃과 해골 외에 삶의 덧없음을 상징하는 촛불과 모래시계가 등장한다. 인생은 유 한하다는 의미다.

고대 로마에서는 큰 전쟁에서 승리했을 때 로마로 복귀하는 장군을 위해 개선식이 열렸다. 장군은 네 마리의 하얀 말이 이끄는 전차에 올 라타고 그 뒤를 병사들이 따르며 로마 시내에서 퍼레이드를 펼쳤다. 환호하는 시민들 사이를 통과한 뒤 그들이 치른 전쟁을 기념해 세운 개선문을 통과하게 된다. 흥미로운 점은 이 마차에 개선장군과 노예 가 함께 탄다는 것이다. 이 노예의 역할은 개선식이 진행되는 동안 장 군 옆에서 끊임없이 다음과 같은 말을 반복하는 것이다. "메멘토 모 리(Memento mori)." 라틴어로 '죽음을 기억하라'는 뜻이다. 전쟁에서 승 리해 신과 같은 반열에 선 장군이지만 어차피 인간의 삶은 끝이 있으 니 겸손하라는 의미다. 과연 로마인들답다. 물론 이런 전통은 기독교 가 유럽에 알려지기 훨씬 이전부터 내려왔다. 바니타스 정물화는 이렇 게 메멘토 모리라는 수천 년 된 서양인들의 교훈과 기독교 사상이 합 쳐진 결과물이다.

바니타스 정물화는 17세기 네덜란드의 화가 빌럼 클라츠 헤다(Wil-

■ 굴과 술잔과 레몬과 은제 접시가 있는 정물화 Still Life with Oysters, a Rummer, a Lemon and a Silver Bowl by Willem Claesz Heda, 1634

■ 빵과 은주전자와 게가 있는 정물화 Still Life with Pie, Silver Ewer and Crab by Willem Claeszoon Heda, 1658

lem Claesz Heda, 1594~1680)에 의해 시작되었다고 알려져 있다. 그의 정
물화에는 온갖 진귀한 물건들이 등장한다. 중국제 식기류와 일본 무사
도가 등장하는가 하면 화려한 유리 공예품도 보인다. 일반 서민들은
구경하기도 힘든 바다가재, 블랙베리, 레몬 등 고가의 수입품이 캔버
스를 꽉 채우고 있다. 유리와 음료에 비친 빛의 정교함도 감탄을 자아
낸다. 그러나 그림들이 불안하다. 탁자 위에 가지런히 있으면 좋으련
만 정물들이 모서리에서 떨어질 듯 위태위태하다. 껍질이 벗겨진 레몬
이 흘러내릴 것 같고 예쁜 잔과 접시는 엎어져 있다. 곧 깨질 수도 있
으니 조심하라는 바니타스의 교훈을 담은 것이다. 이러한 그림들은 앞
서 말했다시피 집을 방문한 손님들에게 부를 과시하면서도 교훈을 함
께 담았다는 메시지를 전달해줄 수 있다.

또 다른 유명한 그림이 있다. 한스 홀바인의 〈대사들〉이다. 이 그림
은 전혀 바니타스 정물화로 보이지 않는다. 고귀한 귀족인 듯한 인물
과 성직자의 초상화다. 그런데 그림 가운데 바닥에 이상한 물체가 있
다. 도대체 무엇인지 형체를 알아볼 수가 없다. 이 그림을 제대로 보려
면 오른쪽 밑에서 올려다봐야 한다. 그 순간 바닥의 이상한 물체가 정
체를 드러낸다. 해골이다.

이 그림에 나오는 사람은 프랑스 외교관 장 드 당트빌(Jean de Dinte-
ville, 1504~1555)과 그의 친구이자 성직자인 조르주 드 셀브(Georges de
Selve, 1508~1541)다. 이 초상화의 배경은 16세기 런던이다. 영국 국왕
헨리 8세(Henry VIII, 1491~1547)는 자신의 이혼을 반대하는 교황과 결별

■ 대사들 The Ambassadors by Hans Holbein the Younger, 1533

〈대사들〉을 측면에서 바라본 모습. 해골이 보인다.

을 선언하고 독자적인 종교 '성공회'를 창립했다. 이를 되돌리고자 프랑스에서 특사 자격으로 당트빌과 드 셀브를 파견했고, 그들이 헨리 8세와 협상하는 시기에 영국의 최고 초상화가 홀바인에 의뢰해 그림을 남긴 것이다.

이들 주변에는 온갖 물건들이 들어서 있다. 각종 과학 기구는 이들의 해박한 지식을 뽐내는 도구로 쓰였다. 그런 의미 외에도 이중적인 의미가 있다. 가령 시계가 가리키는 시각은 헨리 8세가 이혼한 날짜와 시간을 보여준다. 류트의 끊어진 줄은 불안한 유럽 정세를 말한다. 펼쳐진 악보는 당시 가톨릭과 개신교 모두가 쓰는 찬송가다. 화합을 바라는 상징이다. 그림에서 이러한 것들을 '알레고리(allegory)'라고 한다. 추상적인 개념을 사물로 비유해 표현하는 것이다.

이 그림에서 가장 중요한 알레고리 두 개가 있다. 좌측 맨 위, 커튼 앞의 십자가에 달린 예수상은 방황하지 말고 어서 주님의 품으로 돌아오라고 강조하는 장치다. 아울러 바닥의 해골 역시 헨리 8세에게 보내는 경고다. 아무리 권력을 가진 국왕이라고 해도 현세의 쾌락은 유한하다는 것을 보여주는 메시지다. 우리식으로 말하면 '화무십일홍(花無十日紅)', '권불십년(權不十年)'이라고 할까?

해골의 이미지를 왜곡한 이유는 여러 가지로 생각해볼 수 있다. 첫 번째, 화가의 현란한 기교를 뽐내기 위해서다. 원근법과 단축법에 통달해야 이렇게 그릴 수 있다. 르네상스 이후 몇몇 화가들의 작품에서도 볼 수 있는 테크닉이다. 두 번째는 이 그림을 걸어둘 위치를 가정하고 그림을 그렸을 수도 있다. 문을 열고 실내로 들어섰을 때 오른쪽 위쪽 벽에 그림이 걸려 있었다면, 그 방에 들어오는 사람들에게 해골이 또렷이 보

한스 홀바인이 그린 헨리 8세 초상화

였을 것이다. 마지막으로, 헨리 8세에 대한 두려움도 생각해볼 수 있다. 아무리 특사 자격으로 왔어도 감히 그에게 조언하는 것은 쉽지 않았을 것이다. 헨리 8세는 6명의 아내를 가졌고 그중 두 명에게 사형을 집행했을 만큼 단호했다. 특사들의 부탁이었는지, 궁중 화가 홀바인의 의도였는지는 모르지만, 헨리 8세에 직접적으로 경고하기에는 아무래도 부담이 있었을 것이다.

뒤로 물러서
그림을 보세요,
놀라운 마법이
펼쳐집니다

바로크의 거장,
벨라스케스 이야기

디에고 벨라스케스
Diego Velázquez, 1599–1660

으레 멋진 그림을 보게 되면 그 작품으로 다가간다. 조금 더 디테일한 것들을 보고 싶어서다. 세부적인 것까지 꼼꼼하게 표현된 것을 보면 감탄을 하게된다. '와, 도대체 어떻게 그린 걸까? 혹시 화가가 돋보기를 가지고 작업한 것이 아닐까?'

플랑드르의 화가 얀 반 에이크의 작품이 대표적이다. 〈아르놀피니의 결혼〉은 높이가 채 1미터가 되지 않는 작은 작품에 속한다. 두 부부의 초상 뒤에 작은 거울이 보인다. 손가락만한 그 거울 안에 무려 4명의 인물이 들어가 있다. 거울에 비친 창밖으로는 나무와 풍경도 묘사됐다. 더욱 놀라운 것은 거울을 둘러싼 장식들이다. 동그란 원 열 개에는 예수의 생애를 그려 넣었는데 나오는 인물이 수십 명이다. 부부 앞에 선 강아지의 표현도 놀랍다. 미세한 털을 한 올 한 올 묘사했다.

에이크의 그림이 완성되고 약 200년 후에 나온 그림을 보자. 〈시녀들〉이란 작품이다. 어린 공주를 포함해 그녀를 둘러싼 여자들 옷의 질

■ **아르놀피니의 결혼** The Arnolfini Portrait by Jan van Eyck, 1434

시녀들 The Maids of Honour by Diego Velázquez, 1656-1657

감이 느껴질 정도로 정교하다. 손가락으로 비비면 '바스락' 소리가 날 것처럼 잘 표현했다. 오른쪽 아래에서 졸고 있는 개의 짧은 털도 에이크 작품 속 강아지 못지않다.

그런데 세밀하고 정교하게 그린 화가의 실력을 확인하고자 그림에 다가가는 순간 놀라운 마법이 펼쳐진다. 아니, 배신당한 것 같다. 세심함이라고는 찾아볼 수 없다. 이건 도저히 성의 있게 그린 그림이 아니다. 가까이서 본 이 그림은 온통 마구잡이 물감 범벅이다. 붓질이 그대로 보인다. 훗날 인상주의에서나 볼 수 있는, 속된 말로 '물감 떡칠'을 했다.

〈시녀들〉을 그린 화가는 바로크의 위대한 거장 디에고 벨라스케스다. 같은 스페인의 후대 화가였던 고야와 피카소가 가장 존경했던 인물이다. 19세기 사실주의 화가 마네를 비롯해 서전트(John Singer Sargent, 1856~1925)와 휘슬러(James Abbott McNeill Whistler, 1834~1903) 등 인상주의 화가들이 좇고자 노력했던 화가다. 콧대 높았던 20세기 표현주의 화가 구스타프 클림트는 "이 세상에 화가는 단 두 명. 벨라스케스와 나!"라고 호언하기도 했다.

〈시녀들〉은 1985년 전 세계 미술가, 평론가들이 선정한 '가장 위대한 그림'으로 뽑혔다. 피카소가 이 작품을 변용해 수십 점을 그린 것을 비롯해 수많은 작가들을 통해 재해석된 작품이다. 레오나르도 다빈치의 〈모나리자〉, 렘브란트의 〈야경〉과 더불어 3대 서양 회화로 일컬어지기도 한다.

벨라스케스의 그림들은 가까이서 보면 매우 서툰 그림처럼 보인다. 정확하게 그려지지 않았고 대충 그린 것같이 조잡하다. 그러나 몇 발 뒤로 물러서서 보면 확연히 다르게 보인다. 선명한 묘사를 뛰어넘어 그 촉감까지도 느낄 수 있다. 혹자는 "벨라스케스는 5미터짜리 붓으로 그림을 그린 사람"이라고 했다. 아마 이 표현보다 그의 그림 스타일을 정확하게 말해주는 말은 없을 것이다.

모든 화가들이 사진 같은 극사실성을 추구할 때 벨라스케스는 주관적 미학이 담긴 회화적 사실성에 주목했다. 회화는 일정한 거리에서 볼 때 사실성 있게 보인다. 굳이 다가서서 그 세밀함을 '확인'할 필요가 없다는 것이 벨라스케스의 생각이었다. 같은 거울이지만 에이크는 〈아르놀피니의 결혼〉에서 당연히 거울에 비추어 있을 만한 풍경을 묘사했다. 그러나 〈시녀들〉의 거울 속 인물은 달랐다. 어느 정도 거리를 두고 감상할 때 두 사람이 누군지 파악할 수 있다면 일부러 다가가서 세부를 확인할 필요가 없다. 바로 인상주의의 첫 번째 원칙이다. 인상주의자들은 사물이 어떻게 생겼는지 이성적으로 생각하지 않는다. 그저 자신들 눈에 비친 그대로를 그린다. 당연히 멀리 있는 사물은 가물가물할 것이다.

벨라스케스의 그림은 미술관에서 직접 보아야 그 진가를 알 수 있다. 관람자 스스로 멀리서 그리고 몇 걸음 다가가 다시 보아야 한다. 그의 다른 작품 〈계란 부치는 노파〉 속 계란은 매우 생생하다. 노파의 손도 혈관이 선명할 정도로 정교하다. 그 아래 놋그릇은 어떠한가? 에

■ **계란 부치는 노파** Old Woman Frying Eggs by Diego Velázquez, 1618

■ **실 잣는 사람들(아라크네의 우화)** The Fable of Arachne or The Spinners by Diego Velázquez, c. 1656

이크가 그린 세밀화 못지않게 그 윤기와 빛의 반사가 잘 표현되어 있다. 그러나 이 역시 다가서서 그림을 살피면 언제 그랬냐는 듯 대충대충 그린 티가 역력하다.

〈실 잣는 사람들〉을 보면 벨라스케스의 천재성과 거장의 솜씨를 제대로 경험할 수 있다. 회전하는 물레와 그 옆에 늘어진 실타래. 어떻게 물감 몇 번 칠해서 이렇게 역동적이고 사실적인 표현을 나타낼 수 있을까. 보통의 화가들이라면 틀림없이 물레의 살을 그려 넣었을 것이다. 벨라스케스는 멈춰 있는 그림에 살아 움직이는 역동성을 담았다. 서양 회화사에 길이 남을 테크닉이다.

인상주의의 대부 에두아르 마네는 마드리드 프라도 박물관을 방문해 벨라스케스의 그림을 보고는 큰 충격을 받았다. 친구에게 보낸 편지에 '그는 최고의 화가야.'라고 언급했다. 마네가 특히 주목한 것은 벨라스케스가 그린 초상화다. 인물 뒤의 모든 배경을 없앴다. 짙은 명암만 있어 인물이 더욱 부각된다. 움직임이 없고 말하지 않아도 관람자는 인물에서 나오는 깊은 감정과 울림을 교감할 수 있다. 벨라스케스 초상화의 힘이다.

파리로 돌아온 마네는 이후 초상화에서 벨라스케스의 기법을 따라했다. 〈압생트를 마시는 남자〉와 〈피리 부는 소년〉이 그것이다. 중요한 것은 세심하게 그리는 세부가 아니라 강렬한 주제다. 객관적이었던 회화가 주관의 세계로 들어섰다. 벨라스케스는 마네를 통해 인상주의 그리고 현대 미술에 영향을 준 것이다.

펠리페 4세의 초상
Portrait of the Infante Don Carlos by Diego Velázquez, c. 1626-1627

광대 파블로 데 바야돌리드
Portrait of Pablo de Valladolid by Diego Velázquez, c. 1635

■ **압생트를 마시는 남자** The Absinthe Drinker by Édouard Manet, c. 1859

■ **피리 부는 소년** The Fifer by Édouard Manet, 1866

궁정 광대를 그린 벨라스케스의 초상화

벨라스케스의 위대함은 그가 그린 작품에서 드러나는 솜씨 때문만은 아니다. 그는 30년 넘게 궁중 화가로 일했다. 말년에는 일개 장인이었던 화가에서 벗어나 귀족만이 가입할 수 있는 산티아고 기사단에 가입할 수 있었다. 스페인 최고의 화가가 되어 부와 명예를 누렸고 부족함이 없었다. 그의 작품 속 모델은 주로 왕과 왕실 가족, 때로는 지체 높은 귀족들이었다. 로마에 가서 교황을 그린 적도 있었다.

그런 대화가(大畵家) 벨라스케스 앞에 특이한 사람들이 모델로 섰다. 예전 유럽 궁정에서는 장애인들을 채용했다. 이들의 역할은 장난감이나 애완동물처럼 왕족들을 즐겁게 해주는 것이었다. 벨라스케스는 사람 취급을 받지 못했던 이 사람들을 주인공으로 한 초상화를 남겼다. 다른 화가들처럼 하인과 장애인을 조롱하지 않았다. 벨라스케스의 초상화 속에서 그들은 왕족이나 귀족과 마찬가지로 격조 있고 위엄을 갖춘 인격체로 다시 태어났다. 실제로 벨라스케스는 그가 데리고 있던 하인을 자유인으로 풀어준 적이 있었다. 당시로서는 상당히 이례적인 일이었다. 실력 못지않게 인간에 대한 따뜻함을 지니고 있었던 벨라스케스. 그렇기에 그가 더욱 위대한 화가로 칭송받고 있는 것이다.

서양 미술사 이야기 5

인상주의부터
현대 미술까지

낭만주의로부터 시작된 기존 미술에 대한 저항은 곧이어 사실주의로 이어진다. 그래도 낭만주의를 대표하는 들라크루아가 아카데미가 주관하는 '살롱전'에 꾸준히 참가하면서 주류에 올라서려 했다면, 사실주의를 주창한 쿠르베는 달랐다.

귀스타브 쿠르베(Gustave Courbet, 1819~1877)가 1849년 살롱전에 출품한 〈오르낭의 매장〉은 충격적이었다. 가로 10미터에 달하는 거대한 사이즈다. 다비드가 그린 〈나폴레옹의 대관식〉과 같은 크기다. 사람들은 궁금했다. '도대체 어떤 위인의 장례식이기에……' 도무지 연상할 수가 없었다. 쿠르베가 답했다.

"우리 고향 농부의 장례식 장면입니다."

오르낭의 매장
A Burial At Ornans by Gustave Courbet, 1849-1850

있을 수 없는 일이었다. 그 정도 크기의 그림이라면 당연히 대단한 사건을 담아야 한다고 생각했다. 신고전주의의 고상하고 교훈적인 의미도 담고 있지 않고 낭만주의의 치열한 고뇌도 없었다. 아무런 주제가 없었다. 쿠르베는 그저 있는 그대로를 그리고 싶어 했다. 사실주의의 시작이다. "천사를 보지 못했기 때문에 천사를 그릴 수 없다."는 쿠르베의 말은 사실주의를 한마디로 표현한 비유다.

장 프랑수아 밀레(Jean François Millet, 1814~1875)와 에두아르 마네가 동참했다. 밀레는 농민의 삶을, 마네는 대도시 파리 시민의 일상을 그렸다. 시인이자 비평가로 예술계에 지대한 영향력을 행사하는 샤를 피에르 보들레르는 1863년 〈현대 생활의 화가〉라는 평론을 통해 '진정한 예술은 현재의 생활상을 담아내는 것'이라고 했다. 이는 사실주의와 인상주의의 뿌리가 되는 이론이라 할 수 있다.

살롱전에 발표한 작품으로 파문을 일으킨 쿠르베는 이후 굳이 아카데미로부터 인정받고자 노력하지 않았다. 부유한 집안에서 태어난 그는 스스로 전시회를 열고 자기만의 작품을 발표했다.

　아카데미의 기준과 맞지 않아 번번이 입선하지 못한 마네는 낙선자들만의 전시회에서 그림을 발표한다. 1863년과 1865년, 2년 간격으로 선보인 〈풀밭 위의 식사〉와 〈올랭피아〉을 접한 관람객들은 분노했다. 신화 속 아름다운 여신의 나체가 아닌 매춘부의 맨몸이 공공장소에 버젓이 걸렸기 때문이다. 고상하고 점잖은 척했지만 그들이 감추고 싶었던 생활의 이면이 고스란히 드러난 것이다. 그림의 형식 또한 파격적이었다. 원근법과 명암이 불분명해 누가 보아도 '잘 그린 그림'이 아니었다. 순식간에 마네는 파리에서 가장 악명 높은 화가가 되었다.

　마네가 일으킨 엄청난 스캔들은 젊은 화가들에게 용기를 주었다. 아카데미의 기준을 거부하는 젊은 화가들도 고민이 있었다. 일단 살롱전에 작품이 전시되어야 정식 화가로 등단해 생계를 이어갈 수 있었는데 아카데미는 이들을 철저히 무시했다. 그래서 쿠르베와 마네가 한 것처럼 자신들만의 전시회를 열었다. 에드가 드가, 오귀스트 르누아르, 카미유 피사로(Camille Pissarro, 1830~1903) 등 29명의 화가가 165개 작품을 신보였다. 당시까지만 해도 화가는 자신의 아틀리에에서 작업했다. 있는 그대로를 그린 것이 아니라 인위적으로 만든 것이다. 그림 속 인물은 모델을 불러 스케치해 삽입하고 하늘과 자연 등 풍경은 상상력과 지식을 동원해 그렸다. 하늘은 파란색, 구름은 흰색, 잔디는 초록색. 당연하다고 생각하는 색을 칠했다. 그러나 새로운 화가들은 달랐다. 그들은 눈에 보이는 대로 그리고 색을 칠했다. 세밀하게 그릴 이유가 없었다. 그들 눈에는 보이지 않았기 때문에 점 하나만 찍고 빛에 따라 달라지는 나뭇잎 색깔 그대로 그렸다. 생각을 지우고 오로지 눈만을 가지고 그림을 그렸던 것이다.

처음 전시회를 이끈 사람은 클로드 모네였다. 1회 전시회에 모네가 발표한 〈인상, 해돋이〉를 보고 평론가가 '인상적'이라고 조롱한 것이 계기가 되어 '인상주의자', '인상주의'가 시작되었다.

1874년 시작한 인상주의 전시회는 1886년까지 12년 동안 8회 열렸다. 초창기에 외면받던 인상주의 그림들은 전시회가 거듭될수록 대중의 환호를 받은 것은 물론이고 추종하는 젊은 화가들까지 생겨나게 된다. 특히 인상주의를 후원하던 화상(畵商) 폴 뒤랑 뤼엘의 마케팅이 성공하면서 미국에서 큰 인기를 누렸다. 이후 유럽으로 역수출되면서 인상주의는 유럽의 주류 화파로 확고한 위치를 누리게 된다.

마지막 인상주의 전시회에 혜성같이 등장한 천재 화가 조르주 쇠라(Georges Seurat, 1859~1891)는 '점묘법'이라는 신인상주의를 창시한다. 빛을 좀 더 과학적으로 분석하면서 인상주의의 단점인 형태가 무너지는 것을 보완했다.

19세기 중반부터 아카데미의 '상식'을 거부하며 나타난 낭만주의와

그랜드자트섬의 일요일 오후
A Sunday Afternoon on the Island of La Grande Jatte by Georges Seurat, 1884-1886

사실주의, 인상주의는 화가들에게 풍성하고 다양한 표현이 가능하다는 것을 보여주었다. 이러한 배경 속에 폴 세잔과 폴 고갱, 빈센트 반 고흐가 등장했다. 보통 이들을 후기 인상주의(Post-Impressionism)라고 부른다. 영문 명칭과는 달리 번역된 '늦게 나타난', '후반기' 인상주의란 말은 이들과 어울리지 않는다. 인상주의 '이후'가 맞다. 세 사람은 인상주의가 남긴 빛과 눈에 보이는 즉흥성에 얽매이지 않았다.

　세잔은 사물을 선고하고 단순한 형태로 표현하며 특징을 포착했다. 서양 미술이 '현실의 재현'을 위해 수백 년간 고안하고 써왔던 원근법과 명암을 과감히 버렸다. "그림은 그림일 뿐"이라는 너무나 당연한 말을 남겼다. 고갱 그림의 특징은 두꺼운 윤곽선과 강렬한 색채다. 마치 스테인드글라스와 비슷하다. 고갱의 그림 속 소재는 평범하지만 사물 하나하나에는 자신의 경험과 감정을 토대로 갖가지 상징적인 의미를 부여했다.

한편 고흐는 "그림은 화가의 감정 표현이다."라고 했다. 고흐는 감정을 표현하는 수단으로 색을 이용했다. 초록색 코와 빨강색 눈, 푸른색 밤 모두가 고흐가 느낀 감정을 그림으로 표현한 것이다.

이들 세 명의 위대한 화가로부터 진정한 현대 미술이 시작됐다. 직접적으로 세잔은 파블로 피카소가 시작한 입체파, 고갱은 귀스타브 모로(Gustave Moreau, 1826~1898)와 오딜롱 르동(Odilon Redon, 1840~1916)의 상징주의, 고흐는 앙리 마티스(Henri Matisse, 1869~1954), 에드바르 뭉크(Edvard Munch, 1863~1944), 클림트 등의 표현주의 화가가 등장하는 데 큰 영향을 주었다.

20세기 초 제1차 세계 대전이 끝나고 나타나는 것이 비구상화다. 추상주의를 말한다. 즉 형태가 사라지고 색과 구성만으로 작품을 완성했다. 러시아 화가 바실리 칸딘스키가 처음 시작한 이래 지금까지 이어오고 있다. 한 발 더 나아가 예술가는 굳이 직접 제작할 필요가 없고 아이디어만 있으면 작품이 된다고 주장했다. 미술관에서 관람객들을 어리둥절하게 만드는 설치 미술과 각종 퍼포먼스가 지금은 미술사의 한 부분으로 자리 잡았다.

'행복하게 만든 책이 행복을 만듭니다.'

알고 나면 꼭 써먹고 싶어지는 역사 잡학 사전

B급 세계사 3 · 서양 미술편

초판 1쇄 찍은 날   2021년 10월 7일
초판 1쇄 펴낸 날   2021년 10월 22일

지은이   피지영
발행인   조금희
발행처   행복한작업실
등 록   2018년 3월 7일(제2018-000056호)
주 소   서울시 서초구 서초대로 65길 13-10, 103-2605
전 화   02-6466-9898
팩 스   02-6020-9895
전자우편   happying0415@naver.com

편 집   이양훈
디자인   이인선
마케팅   임동건

ISBN   979-11-91867-01-5 (03900)